铁路职工岗位培训教材

篷布工

铁路职工岗位培训教材编审委员会

中国铁道出版社

2011年·北京

内 容 简 介

本书按照篷布工国家职业标准和职业技能培训规范编写。全书分为两部分:基本知识和职业技能。基本知识部分包括与篷布运用管理工作相关的基础知识和专业知识;职业技能部分按照等级编写了篷布工相关的技能要求和实作题例。

本书针对铁路职工岗位培训、职业技能鉴定进行编写,是各单位组织职工进行各级各类岗位培训、技能鉴定的必备用书,对各类职业学校师生也有重要的参考价值。

图书在版编目(CIP)数据

篷布工/《铁路职工岗位培训教材》编审委员会编.—北京:中国铁道出版社,2011.7

铁路职工岗位培训教材

ISBN 978-7-113-13548-5

Ⅰ.①篷… Ⅱ.①铁… Ⅲ.①铁路运输:货物运输—篷布—岗位培训—教材 Ⅳ.①U294.22

中国版本图书馆 CIP 数据核字(2011)第 195364 号

书　　名: 铁路职工岗位培训教材
篷 布 工

作　　者: 铁路职工岗位培训教材编审委员会

责任编辑: 杨　哲　聂宏伟　　**编辑部电话:** 010－51873055

编辑助理: 董苗苗

封面设计: 薛小卉

责任校对: 胡明锋

责任印制: 陆　宁

出版发行: 中国铁道出版社(100054,北京市西城区右安门西街8号)

网　　址: http://www.tdpress.com

印　　刷: 北京新魏印刷厂

版　　次: 2011年7月第1版　2011年7月第1次印刷

开　　本: 787 mm×1 092 mm　1/16　**印张:** 8.5　**字数:** 199千

印　　数: 1～3 000册

书　　号: ISBN 978-7-113-13548-5

定　　价: 20.00元

铁路职工岗位培训教材
编 审 委 员 会

前 言

党的十六大以来，铁路事业蓬勃发展，大规模铁路建设全面展开，技术装备现代化实现重大跨越，尤其在高原铁路、机车车辆装备、客运专线、既有线提速和重载运输技术方面达到了世界先进水平。铁路职工队伍素质得到了相应提高，但距离铁路现代化发展的要求还有一定差距，铁路人才队伍建设和职工教育培训工作任重道远。

教材是劳动者终身教育和职业生涯发展的重要学习工具，教材建设是职业教育培训工作的重要组成部分，是提高教育培训质量的关键。加快铁路职工岗位培训教材建设，已成为加强和改进铁路职工教育培训工作的当务之急。为适应铁路现代化发展对技能人才队伍建设的需要，加快铁路职工岗位培训教材建设，铁道部决定按照铁道行业特有职业（工种）国家职业标准，结合铁路现代化发展的实际，组织开发铁路职工岗位培训教材。

本套教材由铁道部劳动和卫生司、运输局共同牵头组织，相关铁路局分工负责，集中各业务部门的专家和优秀工程技术人员编写及审定，多方合作，共同完成，涵盖了铁路运输（车务、客运、货运、装卸）、机务、车辆、工务、电务部门的77个铁路特有职业。教材坚持继承与创新相结合，充分体现了近几年来铁路新技术、新设备的大量运用及其发展趋势，特别是动车组系列教材填补了教材建设的空白，为动车组司机和机械师等铁路新职业员工提供了岗位培训教材；教材坚持科学性与规范性，依据铁道行业国家职业标准中的基本要求和工作要求编写，力争准确体现国家职业标准和有关作业标准、安全操作等规章、规范的要求；教材坚持实用可行的原则，重点突出实作技能、应急处理和新技术、新设备、新规章、新工艺等四新知识，对职业技能部分按照技能等级分层编写，便于现场职工的培训与自学。

本套教材适用于工人新职、转职（岗）、晋升的岗位资格性培训，也适用于各类岗位适应性培训，同时为职业技能鉴定提供参考。

《篷布工》一书由成都铁路局负责主编，主编人员：李翠华，参加编写人员：王东、王久文、陈灏、伍德平，主要审定人员：李鑫、朱龙林、孔祥东。本书在编写、审定过程中得到了有关单位的大力支持，在此一并表示感谢。

铁路职工岗位培训教材编审委员会

2009 年 8 月

目 录

基本知识

职业技能(分级部分)

职业技能(通用部分)

基本知识

第一章 职业道德及铁路发展概况

第一节 职 业 道 德

一、铁路职工职业道德的基本内容

1. 社会道德

社会道德属于人类社会的一种特殊的意识形态。它是在一定社会范围内调整人与人之间以及个人与社会之间的行为准则和规范的总和。所谓道德，它是依靠内心信念、传统习惯和社会舆论的力量，以正义和非正义、公正和偏私、诚实和虚伪、权利和义务等道德观念来评价每个人的行为，从而调整人与人之间，以及个人与社会之间的关系。

道德的真正含义是以善、恶为标准来约束人们行为的规范。它规定着人们应该做什么和不应该做什么。每个人按照一定的准则来支配和约束自己，道德就形成了强大的舆论导向，以此来干预生活，规范人们的行为，调节各种社会关系，具体含义包括以下几个方面：

(1)道德是依靠人们内心信念、社会舆论和传统习惯等力量起作用的。道德在实施时，不是靠强制手段，而是借助内心信念来实现的。社会舆论的压力和指责只是外在“裁判”，良心的谴责才是内在的“法庭”。

(2)道德也是评价人的行为的标准。它总是通过善与恶等道德观念作出评价、褒贬，至于善恶的标准不是由国家、团体制定或规定出来的，而是处于同一社会环境中的人们在长期生产过程中，逐渐积累形成的共同的要求、愿望和理想，它表现在人们视听言行之上，深藏于品格、习性、意向之中。

(3)道德更是人自身的一种情感、意识，而且还包含着个人品质。个人品质与个人的道德行为有着密切的联系，反映了一个人多方面的素质和修养，是一个人在社会实践基础上对社会和人生的理解。个人品质是道德行为的重要内在依据，而个人的道德行为又是个人品质的外在表现。

2. 职业道德

职业道德是同人们的职业活动紧密联系的，具有自身职业特点的道德原则和行为规范的总和。职业道德萌芽于原始社会末期。生产力的发展引起了社会分工，出现了各行各业的职业活动，而每一种职业都分别承担着一定的社会职能，人们在从事各种职业的活动中，为了保证各种职业活动的正常进行，制定了各种规章制度、道德规范和行为准则。以此形成了职业道德的基本概念，其含义包括两个方面：

(1)每个行业都有各自的道德准则，所以说行业的道德就是职业道德，从商者应守“商德”，从医者应守“医德”，从师者应守“师德”等。所谓职业道德，就是指从事一定职业的人们在其特定的职业活动过程中应遵循的处理人和人、人和社会之间利益关系的特殊行为规范，以及与之相适应的观念、情操和品质。

(2)职业道德的特定内涵是在和各种专业工作紧密联系并通过专业领域表现出来的，是在专业范围内的特殊道德要求，一方面它体现了一般社会道德对于职业活动的基本要求，另一方面，又带有鲜明的行业特色。例如：热爱本职、忠于职守、为人民服务等是各行各业道德的基本规范。但每一种具体职业，又都有它独特的不同于其他职业道德的内涵。

3. 铁路职业道德与铁路职工行业规范

铁路职业道德是通过一系列职业道德基本规范来制约每个铁路从业人员的职业行为，调节铁路与社会、铁路内部集体与个人之间、个人与个人之间的道德关系。所谓铁路职业道德规范，就是明文规定的铁路各职业行业的道德准绳或道德要求，也可以说铁路职业道德就是铁路部门一系列道德规范的体系。

铁路职业道德体系是多层次的，但"人民铁路为人民"是铁路职业道德的基本原则或总的道德要求，也是规范体系中根本性的最高行为规范。铁路内部各部门之间必须遵循这一原则，制定出适应各工种岗位的职业道德规范，从"人民铁路"这个整体概念出发，更好地为人民服务。

铁路职工行业规范是铁路员工在职业活动中应该共同遵循的最基本的职业行为准则，是铁路行业鲜明特色的充分体现。各部门各工种应明确具体的制定出行业规范的内容，在实际工作中约束每一名员工，提高每一名员工的道德素质，推动铁路事业的发展。

铁路职工道德行业规范的主要要求是遵章守纪、保证安全，这是铁路职工首先必须遵守的道德规范，它要求全体职工严守规程，严格纪律，确保铁路运输安全生产，具体要求：一是遵章，即自觉遵守铁路的各项规章制度；二是守纪，即要求职工严格自律，不许有违反各部门、各工种、各岗位的职业纪律的行为发生。

二、货运人员职业道德的基本内容

1. 货运人员职业道德与基本规范

我国铁路每年完成的货物周转量约占国家全部交通运输货物周转量的60%以上，在国民经济中占有重要的地位。铁路货运战线上的广大职工养成良好的职业道德习惯，对铁路事业的迅速发展，促进全路两个文明建设起着重要的作用。货运部门的工作性质决定了其职业道德规范，对于他们的工作对象，对于铁路企业的形象，对于全社会精神文明建设都有着重要的意义。

货运职工职业道德的基本原则是与铁路货运工作的特点紧密相连的，它同样以"人民铁路为人民"为根本原则。全体货运职工生产服务过程中应当体现全心全意地为货主服务，为货物负责，对货主、对社会高度负责的道德要求。

货运部门的职业道德规范很多，在其体系中，诚心地对待货主是核心内容，也是货运职工在长期的运输生产经营活动中形成的职业行为准则。"诚心相待"是货运职工对服务对象的态度和情感，也是在工作岗位上确立自己与货主服务与被服务关系的观念。在职业行为上以诚恳之心对待货主，并以端庄的仪表、文明的语言、娴熟的技能，周全的服务达到全心全意、无私奉献的职业道德境界。

货运部门与客运部门职工一样，是服务工作的窗口。个人在这窗口中表露出的喜怒哀乐代表的是货运职工的精神面貌，如何良好地体现出“人民铁路为人民”的宗旨，就要求货运职工必须胸怀全局、克己奉公，时刻勇于承担重大责任，把货主的利益放在首位。

2. 货运人员职业道德的修养与基本要求

职业道德修养，是指每个货运职工为了培养良好的职业道德品质，针对货运职工的服务理念和要求，所进行的自我锻炼，自我约束，自我改造，自我陶冶，自我要求，自我教育的过程。职业道德修养的培养不是一朝一夕能够完成的，需要正确的指导，教育的灌输，加上受教育者的不断自我完善。

职业道德修养的内容很广泛，根据不同岗位，不同工种，有其不同的要求，但主要的有：职业理想、职业态度、职业技能、职业责任、职业纪律、职业良知、职业荣誉等，同时还包含着文明礼貌、着装举止、语言艺术等方面。职业道德修养是一定的道德观念、道德情感、道德意识在自我意识中的统一，也是在履行职业义务过程中形成的道德责任感和自我评价能力。

铁路企业的服务宗旨是全心全意为人民服务，对货运职工而言货主就是服务的对象，要自觉维护货主的利益。货运人员职业道德的基本要求就是尽职尽责地为货主服务。尽职尽责是对本职事业热爱的体现，它内含着踏踏实实、任劳任怨，不计个人名利得失，为货主负责的道德风范，它又是职业责任、职业纪律、职业义务的集中体现，它要求货运工作者要具备强烈的责任心和使命感，因此尽职尽责的道德要求是货运道德起码的准则。

尊客爱货、安全完整的运输货物，这就要求货运职工在工作中对待货主要热情诚恳，它也是“人民铁路为人民”这一宗旨在货运窗口的具体体现。热情诚恳包含着对本职工作的热爱，对货主的理解、关心和周到的服务。在工作中，货运职工必须具备廉洁奉公的道德准则，不拿、摸、索、要，尽最大的努力保护好运输物资，当货物遭受侵害时，尽全力减少货主的损失，通过我们的优质服务，能够“安全、迅速、经济、便利”地把货物送达目的地。

三、货装职工守则

1. 认真执行党和国家的路线、方针、政策，遵守法纪，弘扬正气，提高思想素质，崇尚社会公德。

2. 爱岗敬业，恪尽职守。以主人翁姿态积极参与经营管理，增强市场营销意识，安全、迅速、经济、便利地组织货物运输。

3. 讲究职业道德，廉洁奉公。不徇私情，不以权以车谋私，不刁难货主，不敲诈勒索，不贪污受贿，不盗窃货物。

4. 着装规范，佩戴标志，仪容端庄，举止文明，保持个人良好形象。

5. 尊客爱货，主动热情，耐心周到，虚心听取货主意见，积极为货主排忧解难，提供优质服务。

6. 严格遵守规章制度和劳动纪律，杜绝违章违纪行为，消除隐患，确保货物和运输安全。

7. 顾全大局，服从领导，听从指挥，团结互助，加强联劳协作。

8. 勤奋学习，钻研业务，不断提高理论水平和实际操作技能。

四、篷布修理工作的意义

篷布工岗位是应生产现场实际需要而产生的，篷布修理工作看似简单、枯燥，工作环境也没有其他工种舒适，从事该岗位的人并不多，因此这项工作没有引起部分职工足够的重视。中国铁路成功实施大提速，对各项工作均提出了更高要求，篷布管理、维修工作质量直接影响着铁路运输的安全。这就要求铁路职工充分认识到篷布管理、修理工作的重要性，努力提高篷布工作业务素质。

第二节　铁路货运发展概况及展望

一、铁路重载

1. 重载铁路

铁路重载始于20世纪20年代，至今世界上很多国家已经广泛采用铁路重载技术，特别是对于幅员辽阔的大陆国家具有更重要的现实意义。所谓重载铁路，是指年运量为2 000万t、单元或组合列车达到或超过5 000 t、车辆中车轴轴重为25 t的铁路，具备以上条件之二的铁路，可视为重载。我国东部平原地区的国家Ⅰ级干线(我国规定Ⅰ级干线年运量不少于2 000万t)都可以视为重载铁路。

2. 我国重载线路

以大秦铁路为标志的中国铁路重载运输赢得了世界同行的广泛赞誉。作为我国第一条双线电气化重载运煤专线，大秦铁路1992年底全线通车，2002年运量达到1亿t的设计能力；2008年，大秦铁路实现运量3.4亿t，2010年运量达4亿t，是原设计能力的4倍。

如今，大秦铁路是世界上年运量最多的铁路，突破了单条铁路年运量2亿t世界重载铁路的理论极限。科学论证表明：年运量由设计能力1亿t提高到4亿t，与新建一条重载线路相比，可以节省2/3的投资，节约2.4万亩土地。

目前，我国京广、京沪、京哈、陇海等繁忙铁路干线在列车速度大幅提升、密度大幅增加的同时，已普遍开行5 000～6 500 t重载货物列车。这种客货共线运行，速度、密度、重载三者并举的运输组织模式，是世界铁路运输的一项创举，也是中国铁路赢得世界铁路同行赞叹的一大亮点。

中国主要的4条晋煤外运通道(山西南北各两条，山西大同—河北秦皇岛、山西朔州—河北黄骅港、山西(支线比较多)—河北邯郸—山东济南—山东青岛、山西(支线铁路连接)—河南焦作—山东日照)也都是重载铁路。

3. 货车载重标准

"安全、准确、快速、方便、舒适"是货主和旅客对铁路运输的共同要求，而机车车辆及相关制造业通过对国外先进技术和设备的引进、消化、吸收和再创新，不断提升了我国铁路运输的能力。自1997年以来，铁路先后经历了6次大面积提速，均是通过对既有线路基础之上的改造达到的，其规模和力度之大在世界上也少有。从2006年起，新造通用货车载重标准已从60 t提高到70 t，运煤专用货车载重80 t，并研制开发了载重100 t的钢铁矿石专用货车，基本完成了我国铁路货车的升级换代。

4. 重载列车类型

重载列车运输方式可以分为3种。

(1)单元式重载列车

它起源于美国，是由装车地到卸车地固定机车车辆，固定发站和到站，固定运行线，运输单一品种货物的列车，在装、卸站间往返循环运行，中途不拆散，不进行改编作业。这种列车只占用铁路正线和到发线，不占用调车设备。中途不进行其他作业，单元列车车辆固定编挂，固定回空，而且两端车站运卸设备必须配套，形成矿区—港口(电厂)的一条龙运输组织。

(2)整列式重载列车

整列式重载列车是由单机或多机牵引，机车挂于列车头部，在站线有效长为1 050 m的铁路线上开行的货物列车。这种列车采用普通列车的作业组织方法，与普通货物列车完全一样，只是牵引重量达到5 000 t以上。

(3)组合式重载列车

这种列车是把两列符合运行图规定的重量和长度开往同一方向的单个列车首尾相接连成一列，占用一条运行线，运行到前方某一车站再分解作业的重载列车。组合式列车在车底的组合与分解以及调度指挥等作业上也有一些与普通货物列车不同之处，因此需要制订相关的规章与办法。

开行重载列车需要大功率的内燃或电力机车，应提高轴重，改善线路结构，生产自重轻容量大载重大的货车，采用新型轨道基础以及行车调度指挥和运营管理自动化等。

二、多式联运

1. 国际多式联运

国际多式联运是一种以实现货物整体运输的最优化效益为目标的联运组织形式。它通常以集装箱为运输单元，将不同的运输方式有机组合在一起，构成连续的、综合性的一体化货物运输。通过一次托运、一次计费、一份单证、一次保险，由各运输区段的承运人共同完成货物的全程运输，即将货物的全程运输作为一个完整的单一运输过程来安排。它率先采用于北美、欧洲和远东地区的货物运输，随后逐步在全球实行。国际多式联运很大程度上不同于传统的单一运输方式。根据1980年《联合国国际货物多式联运公约》以及1997年我国交通部和铁道部共同颁布的《国际集装箱多式联运管理规则》的定义，国际多式联运是指“按照多式联运合同，以至少两种不同的运输方式，由多式联运经营人将货物从一国境内接管货物的地点运至另一国境内指定地点交付的货物运输”。

2. 我国铁路联运

铁路和地方水路以及铁路和公路等干、支线联运，是在许多沿线、沿海、沿河城镇，以铁路车站或港口码头为中心，组织许多外接干线、内连社队的地区性的联运线，既为车站、港口集散货物，又通过代办中转业务，以及办理送货到家、取货上门、电话受托等联运服务业务，方便货主。

我国铁路联运主要以集装箱为主，铁路集装箱运输是现代化铁路货物运输发展的方向。由于集装箱运输易于机械装卸，安全可靠，方便火车、汽车、轮船交接转运的特点，深受货主欢迎，在我国也已初具规模。随着我国国民经济飞速发展，国际贸易不断扩大，国内外对集装箱运输需求越来越大。铁路集装箱运输虽然发展较快，但仍不能满足国民经济发展需要。因此要求我国建立完整的物流体系和大力推进铁路参与集装箱多式联运，使铁路集装箱的发展能够适应市场经济的发展速度。

三、铁路物流运输

铁路运输发展现代物流是满足社会经济发展、实现铁路产业升级和可持续发展的重要途径。在全国现代物流业快速发展的这些年，我国铁路货运也在加快改革步伐，探索发展现代物流，并取得了显著成效。

1. 我国铁路物流的发展状况

2003 年以来，铁路陆续推行了一系列货运改革和发展现代物流的新举措，包括组建 3 个专业运输公司，实施大客户战略，推行"两整合、一建设"，试点"集中受理，优化装车"，实施"路企直通运输"，规划建设铁路物流中心等，并取得了一系列显著的成果。

(1)实施铁路挖潜提效，推进运营组织改革

针对铁路运输能力紧张的局面，在新增运力有限的情况下，按照"生产规模化、经营集约化、服务物流化"的理念，铁路实施内涵扩大再生产，不断向优化运输组织和推进货运组织要能力、要效率，走出了一条挖潜提效的成功之路。

(2)优化物流节点布局，构建铁路物流网络

十六大以来，铁道部规划了 18 个大型集装箱中心站，以此推进铁路集装箱运输与现代物流的发展。2007 年初铁道部将全国 18 个集装箱中心站修编为综合物流中心，重点经营集装箱、特货、行包和部分整车业务。目前，上海、昆明等铁路物流中心已建成并运营，大连、郑州、重庆、青岛、成都等铁路物流中心也陆续建成并逐步投入运营。

(3)培育物流市场主体，拓展现代物流服务

铁路发展现代物流，必须加速传统运输企业向现代物流企业转型，扶持和培育一批市场化程度高、网络覆盖面广、竞争能力强的物流服务供应商，为客户提供功能齐全、快捷准时的现代物流服务。受经营范围、地理区域等因素所限，传统的铁路运输企业显然难以实现这一目标。

(4)丰富货运物流产品，打造铁路客户关系

物流产品是铁路物流服务的核心。近年来，随着客户对传统货运需求不断向专业化、快捷化和多样化方向的转变，铁路以大面积提速调图为契机，在原有货运产品的基础上扩充产品种类，逐步形成了组合优化的货运产品系列。

(5)加快先进技术应用，提高信息服务水平

信息技术的广泛应用是现代物流区别于传统物流的主要标志之一。信息服务不仅是现代物流的一项基本功能，也是整合其他物流服务功能的基本技术手段。铁路发展现代物流，也必须应用现代信息技术并提高技术、设备水平。近几年来，铁路在信息化建设和应用方面做了大量细致的工作。在货运站段推广应用货运营销及生产管理系统，实现了部、局、站段及部分客户的计算机联网，为简化货运计划办理手续、提高货运计划审批效率、适应货运市场需求提供了技术支持；开发了货运大客户信息系统，目前大客户的所有月计划、日请求车提报以及参考运价、运输条件查询全部经由互联网进行，统一结算系统已开始运行，极大方便了客户；铁路和海关共同开发了口岸信息平台系统，实现了铁路与海关间的联网互通、进口货物信息的电子传送和共享等功能，通关效率大大提高，适应了物流国际化发展的需求。

2. 我国铁路物流现存的主要问题

我国铁路物流实践虽然取得一定成绩，但目前还存在许多问题，如设施能力不足、信息技

术落后，货运生产仍然比较粗放，社会物流需求得不到完全满足等，需要我国铁路物流继续努力，持续发展。

3. 铁路发展现代物流系统的必要性

交通运输作为国民经济发展的基础行业现在已逐渐转变为物流系统，这已在越来越多的国家得到了重视。我国铁路在国家综合运输体系的重要作用决定其向现代物流发展的必然性。我国正处于国家综合物流运输结构面临重大转型的关键时刻，铁路积极融入社会现代物流体系中，充分发挥铁路的比较优势和实现运输链条各环节的紧密衔接，才能更好为经济社会持续快速发展提供高质量的物流运输服务。

继第六次大提速和部分客运专线投入运营，使铁路运输能力初步缓解之后，近年来铁路改革与发展的步伐明显提速，未来几年铁路基础设施建设的投资将极大地改善铁路运输现状，2012年铁路客货分线基本完成后铁路运输能力有望得到大幅释放，这将从根本上改变客货混跑导致运能紧张的现状，并可快速扩充我国铁路运输能力、提升技术设备水平，使铁路基本具备全面发展现代物流的条件。

为此，铁路部门正积极推行铁路货运向现代物流改革，不少铁路运输企业，如中铁集装箱、中铁特货、中铁快运等公司也在尝试铁路物流服务，但从总体发展水平上看，铁路与公路、水运、民航相比较发展现代物流的进程差距较大。与经济社会发展和市场需求相比，铁路物流发展中还存在许多不容忽视的问题：

(1)货运产品不满足市场需求，市场占有率不高；

(2)货运节点发展物流合力不足，分工不合理；

(3)基于现代物流理念的运输组织方式对开发不利；

(4)铁路资源优势发挥欠缺，整合力度不足；

(5)物流企业竞争能力不强。

4. 铁路发展现代物流系统的紧迫性

为谋求更大发展空间，铁路目前存在的诸多问题使其必须向现代物流转型才得以解决，而当前铁路系统内外的发展形势促使铁路必须尽快实现转型。

目前，我国铁路运输现状包括以下方面：

(1)国家综合运输结构的转型为铁路现代物流的发展提供了难得的契机；

(2)国内物流市场的激烈竞争使铁路现代物流的发展面临着严峻的形势；

(3)铁路货运改革的大力推进给铁路现代物流的发展准备了较好的基础。

由此可见，铁路现在正处于发展现代物流的大好时机，但同时也正处于市场竞争最为激烈的时期，铁路必须充分利用自身优势及政策、环境优势，改革现有作业方式及服务功能，提供全方位的现代物流服务，占据优势市场的同时尽量扩大市场份额，从而在未来的市场上占据更多的主动优势。

5. 铁路发展物流的市场定位

随着我国国民经济快速发展并加入 WTO 之后，市场需求更加多元化，国内外物流市场竞争日益激烈。近年来我国铁路大规模进行路网建设，客货分线逐步实现，运输能力得到释放，为铁路物流企业的发展带来了巨大的机遇和空间。铁路物流企业要在激烈的市场竞争中处于不败之地应具备较强的综合能力，而企业的综合能力体现在市场的营销能力和服务品质上。

因此，铁路物流企业应立足于自身专业的物流领域，开展广泛的市场调查和客户行为分析，根据客户的物流需求为其设计物流服务。以客户为中心，以物流资源链为服务手段，以市场占有率和建立客户忠诚度为导向，制定和开展有针对性的市场营销策略，实现客户的规模化、个性化物流服务，提高物流综合服务水平，构筑自身的核心竞争力，从而与客户建立长期的、双赢的合作关系，成为客户物流供应链中具有独特核心能力的一环。

(1)从货物品类来看，铁路物流的目标市场将主要集中于快速消费品、图书、家电产品、建材产品、电子产品等日常生活用品和高附加值货物，即为“白货市场”，为其提供集装箱运输服务、流通加工服务、仓储服务、金融服务等现代物流理念下的物流服务，进而改善铁路货物运输结构，提升铁路在整个运输物流体系中的地位和作用。

(2)从客户结构来看，铁路物流主要为生产制造、加工、零售等上下游生产贸易企业提供集仓储、运输、配送等一体化物流服务，与公路货运枢纽、港口、机场等交通节点合作提供多式联运服务，与物流配送企业、传统运输仓储企业、代理企业联盟合作开展“门到门”全程物流服务。

(3)从服务范围来看，铁路物流在有条件的地区如沿海、沿港以及内陆的口岸地区可以积极开展国际物流服务，并提供海铁联运、国际运输、综合报关、金融服务等国际物流综合性服务；在内陆地区将铁路借助先进的铁路现代物流中心，可发展成为区域内重要的物流集散地。

总之，铁路物流市场主要定位于高附加值货物，为大型生产制造企业、加工企业等提供国际国内物流服务，并通过与其他运输方式的联合运输实现铁路现代物流从两根钢轨到“门到门”服务的根本性转变。

复习思考题

1. 货装职工守则的内容有哪些？
2. 重载列车有哪几种运输方式？
3. 篷布修理工作的重要意义是什么？
4. 铁路发展现代物流系统的必要性是什么？

第二章　货车篷布发展史与生产工艺

第一节　货车篷布发展史

一、货车篷布的发展阶段

本书所讲的货车篷布是指铁路货车篷布，是铁路货车辅助用具，用于苫盖敞车装运的怕湿、易燃货物或其他需要苫盖篷布的货物。

据现有资料，货车篷布的发展大致经历了5个阶段：

第一阶段是从建国到1977年，约30年的时间基本沿用前苏联研制的纯棉为基布的棉帆布；

第二阶段是从1977年至1983年，这几年我国研制出了有机硅棉帆布和化纤双面涂塑篷布；

第三阶段是从1983年至2001年，这期间基本以PVC三防维纶、涤纶篷布为主导产品；

第四阶段是从1993年至2001年，这期间我国成功研制了“避鼠性篷布”；

第五阶段是从2001年至今，我国成功研制了“D型高强低伸篷布”，也就是现在使用中的篷布。

二、货车篷布各发展阶段的特点

从这几个时期生产制造的篷布看，1978年前篷布主要以棉花为原材料，篷布规格没有完全统一，一块8.5 m×5 m的篷布所需纯棉(一级棉花)为45 kg，是二亩地的产量，虽然棉篷布耐低温性较好，但不耐腐蚀、不阻燃、易漏水，使用寿命仅为一年。篷布的布基由4×3 20支棉纱织造，经过印染而成，颜色为土黄色，印染方法完全由手工制作。

1977年由中科院化学所研制出有机硅篷布，这种篷布仍以纯棉为基布，用锂皂法，锂是一种化学元素，浸染后使篷布防水性能较好，这项成果获得“国家发明二等奖”。

20世纪70年代末至80年代初，有关部门曾多次向铁道部提出以化纤代棉的意向，1978年铁道部下发文件，由铁道部科学研究院金化所负责研制以维纶代棉的篷布。当时已经生产出大量的维纶、锦纶、腈纶等产品，经多方面筛选，认为维纶较好，一是价格低，二是吸湿性能好，试制篷布的强力是棉篷布的2倍，防水性能也超过棉篷布。至此，在上海第一塑料厂的配合下于1979年试制成功，并定为79型维纶篷布。

1981年铁道部科学研究院金化所又经研究试验，在涂塑原材料中增加了阻燃成分，篷布不仅防水而且还解决了防火的问题，该产品被定为81型产品。

又经过两年的研制，83型维纶涂塑篷布问世，该产品在涂塑中新增加了耐寒材料，使篷布不仅具有良好的防水性能、阻燃性能，而且具有良好的耐低温性能，该产品获得“国家发明四等奖”。

进入 20 世纪 90 年代后，我国涤纶产品广泛应用，并且价格低廉，铁道部科学院金化所在保定太行篷布有限公司的配合下大胆地提出以涤纶替代维纶的设想，经试验产品性能既可以防水，又达到了阻燃、耐寒的效果，经老化试验产品性能良好，经检测各项性能指标均超过 81 型、83 型产品。该篷布规格为 9.1 m×5.5 m，颜色为草绿色。经铁道部鉴定，涤纶涂塑篷布性能稳定，工艺流程合理，具有良好的防水、阻燃、防霉、耐寒性能，较高的抗拉强力，且重量较轻，在国内同类产品中具有先进水平。

从 20 世纪 70 到 80 年代，这些年篷布管理并不十分规范，虽然 PVC 三防篷布已正式使用，但 79 型、81 型维纶篷布也生产使用了很长一段时间。改革开放后，随着篷布使用量加大，于 1987 年 12 月 31 日颁布了 TB 1941—1987 标准；1998 年由铁道部科技司、集装箱运输中心、铁科院金化所在福州召开会议又制定出新的 TB/T 1941—1999 标准。在铁道部运输局和集装箱运输中心的领导下，对篷布的质量标准和管理越来越严格，力度逐年加大，使篷布的生产更加规范，产品质量有了很大提高。

随着改革开放的深入发展，PVC 三防篷布的使用范围逐年扩大，需求量也越来越多，已广泛应用于车站、码头、仓储等领域。因为三防篷布化学结构中含有大豆油，老鼠经常对篷布啃咬，破坏性很大，于是避鼠篷布的课题进入研究领域。1995 年由铁道部科学研究院金化所与保定太行篷布有限公司共同开发研制避鼠篷布。研制过程中，铁科院金化所多位研究员经过深入现场、调查研究、查阅资料，采用了以 PVC 为主的实施驱避方法，又选用 4 种有机锡化合物，有机溴磷化合物加入胶浆既达到了驱避老鼠效果，又不影响原篷布的各项指标性能，产品经中科院动物所测试达到了预期目标。该产品经国家经贸委于 1997 年组织专家评审，被认定为“国家级新产品”。

2001 年中铁集装箱运输有限责任公司在北京、海南多次召开会议，“要求各生产厂商着手研究试验铁路第六次提速所需重量轻、苫盖方便、抗撕裂力强、疵点少、一节车厢苫盖一块的新型篷布”。太行篷布厂在铁道部有关部门及领导的关心协助下，着重在篷布的强力、抗撕裂力，适应提速后的安全性为重点进行了研制。科研人员经过潜心研究和考察，首先对纤维进行多项选择，而后对部分技术指标和工艺进行了大胆的改进，比如采用了高性能涤纶短纤、涤纶长丝等多项试验制造，同时对织造设备、涂塑设备进行了更换。经过多方努力和上百次的试验，耗资 300 多万元，终于在 2006 年试制出重量轻、抗撕裂力强、低伸 D 型篷布(经编布)，涂复织物厚度为 0.50 mm，单位平方米的质量为 600 g，经纬向强力大于 3 500 N，其他性能均达到或超过颁布的标准。产品经过铁道部产品质量检验中心和纺织科学院多次检验，各项指标均超过预期标准，攻克了篷布多年来未能解决的疵点多、易漏水、结块、抽皱等弊病。新产品布幅宽 3 m，一块篷布(15 m×5.3 m)只需要一条焊缝，且重量轻，颜色为深蓝色，经胶济线动车组交会试验，结果苫盖平稳，取得了圆满成功，铁道部于 2006 年颁布 D 型篷布技术条件。至此，D 型篷布成为铁路运输第六次大面积提速的新一代科技含量较高的产品，D 型篷布的研制成功为货车安全运行提供了可靠的物质基础。D 型篷布在制作工艺上也采用了国外最先进的涂层机，穿绳布采用高频焊压，解决了穿绳布易脱落和易漏水问题。2007 年，我国铁路又采用 1114Dtex 高强低缩工业丝的机织平纹条格布，在经向每隔 50 mm 有一根加强丝，涂覆织物渗透力极强，它的柔软性、耐磨性都优于经编布。为进一步完善篷布的各项性能，目前科研人员还在继续研究耐磨性、减轻重量等方面的问题，力求有新的突破。

第二节 D型货车篷布生产工艺

一、织布生产工艺

织布的原料为高强低缩工业丝，其工艺流程为：高强低缩工业丝→整经→织机→检验→打包→入库。

整经采用国内先进的SGA169C智能电子高速整经机，整经机张力均匀，无松紧边现象。织布机采用比利时必佳乐GTM-AS350挠性剑杆织布机，产品在2 000 m内不超过5个结头，克服了十几年来百米内达几十个接头疵点多的现象。

二、涂塑工艺

1. 配料研磨

根据基布的需要，按配方比例先把固体原料三辊研磨两遍，而后与其他原料混合高速搅拌，混合成胶浆后溶解24 h再经高速搅拌，三辊研磨两遍，需研细、研匀，使胶浆细腻、颜色达到一致。

2. 涂塑

涂塑之前首先升温至198 ℃，恒温10 min后开车，车速为12 m/min，平均烘箱温度为175 ℃，为保证温度的稳定性，由电子控温自动调温，误差上下为1 ℃，上胶量为0.37 kg/m^2，厚度控制在0.50 mm，3次涂刮，3次塑化，针板定幅，幅宽一致，胶浆渗透力强，克服了脱胶、结块、抽皱等现象。涂塑设备是按铁路货车篷布设计要求进口的意大利涂层生产线，该生产线采用一立两卧，3次涂刮，关键部位电脑自动控制，双面涂层均匀、厚度误差不超过两丝。在此基础上对涂塑原料配方比例进行了调整：加入了二氧化硅和弹性化工原料，这种原料具有较强的耐磨性和覆着力。总之调整后的涂塑工艺流程为：PVC胶料→高速搅拌→溶解24 h→高速搅拌→两次研磨→基布定型→(涂刮)一次塑化→(涂刮)二次塑化→(涂刮)三次塑化→检验→成卷→入库。

三、加工制作工艺

加工制作的工艺流程为：裁布→拼幅→焊压穿绳布→焊压加强筋→缝纫→铆眼→穿插绳→刷字→检验→打包→入库。

第三节 货车篷布使用现状

目前全路有5 000多个货运站，约3 000多货运站装车需要苫盖篷布。全路已投入使用普通型篷布(9.1 m×5.5 m规格的X型篷布)约23万张，2006年至今投入使用D型篷布93 000张，其中路用篷布68 000张，自备篷布25 000张。货车篷布应用具有点多、线长、分散、环节复杂等特点，为满足现场生产实际需要，确保货车篷布使用安全，全路干部、职工做了大量工作，加强了货车篷布生产、使用、维修、报废等各个环节的质量管理；在铁路大提速以前推广应用了

D 型篷布，完善了货车篷布苫盖标准；进行了篷布车与动车组在各种情况下的交会试验，重新修订完善了货车篷布供货技术条件，新增加了货车篷布的柔软、抗撕裂等技术指标；加强了产品质量的监管力度，确保了货车篷布的应用安全。

为了进一步完善货车篷布应用的管理工作，铁路职工还需要努力，规章需要进一步完善、落实、整合；落实篷布损坏赔偿责任，继续改善货车篷布技术条件；加强货车篷布安全管理。这就要求我们每一位铁路工作者共同努力，加强业务学习，提高自身业务素质，认真做好每项工作。

复习思考题

1. 铁路货车篷布发展经历了哪几个阶段？
2. D 型货车篷布生产采用了什么工艺及工艺流程？
3. 篷布使用的现状怎样？

第三章　货车篷布及相关产品

第一节　货车篷布分类

一、篷布分类

篷布按产权分为铁路篷布及自备篷布，按运用状况又分为应用篷布、待修篷布及待报废篷布。

铁路篷布是根据铁路运输的需要，参照国际铁路联盟和铁道行业标准，以聚氯乙烯为主要原料进行涂塑制作而成的铁路货车辅助用具。具有阻燃、防水、耐寒、防霉、无毒等特性。应用于苫盖敞车装运的怕湿、易燃货物或其他需要苫盖的货物。毒害品、腐蚀性物品及污染性物品不得使用铁路篷布。

自备篷布是托运人自购自用篷布，其质量及规格与铁路货车篷布相同，必须符合铁路运输要求。自备篷布的修理由产权单位负责，维修工艺与标准与铁路篷布相同。

二、篷布编号

《货车篷布管理规则》第 41 条明确规定：篷布编号由铁道部统一公布。铁路篷布采用 7 位编号，第 1 位是该篷布投入使用的年份，后 6 位是顺序号。自备篷布采用 9 位编号，前 4 位是该篷布投入使用的年月，后 5 位是顺序号。

例：篷布编号为 8031003，表示篷布为铁路篷布，2008 年投入使用，篷布顺序号是 031003；篷布编号为 080421175 表示篷布为自备篷布，2008 年 4 月投入使用，篷布顺序号是 21175。

第二节　D 型货车篷布技术条件

一、范　　围

本技术条件规定了 D 型货车篷布（以下简称篷布）的技术要求、制作、试验方法、标志，适用于篷布的设计、生产、管理和检测。篷布适用范围为－50 ℃～50 ℃。

二、技术要求

1. 基布

采用机织平纹条格布，在经向每隔 50 mm 有一根加强丝。

2. 涂塑

以聚氯乙烯为主要原料进行涂塑。基布涂层应均匀，不应有漏涂、结块、孔洞、脱胶、抽皱和破损等现象。篷布正面为涂层。

3. 几何特征

每张篷布上有眼圈 26 个,腰绳 7 根,角绳 4 根,端绳 4 根,压绳 2 根,加强筋 7 条,每条加强筋上均匀分布 3 个穿绳布,篷布的四周穿有 1 根包边绳,篷布的正面两端有压绳布。铁路货车 D 型篷布示意如图 3-1、图 3-2、图 3-3、图 3-4 所示。

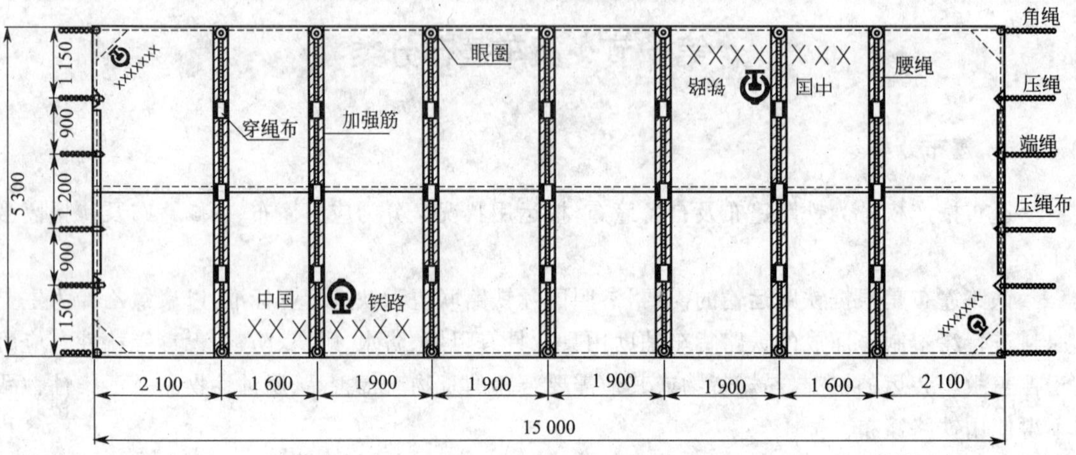

图 3-1 铁路货车 D 型篷布示意图(正面)

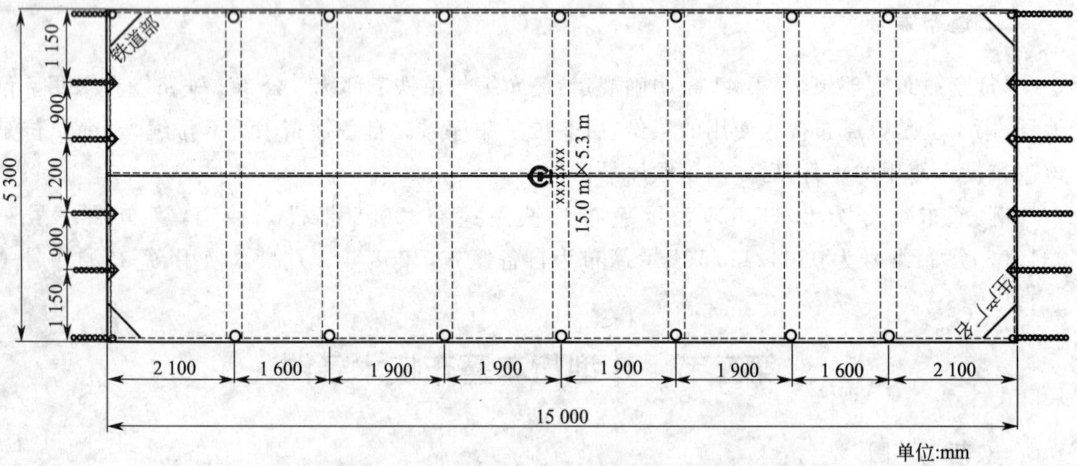

图 3-2 铁路货车 D 型篷布示意图(反面)

4. 规格尺寸及偏差

规格尺寸及偏差见表 3-1。

5. 物理机械性能

物理机械性能的技术要求见表 3-2。

6. 物理化学性能

物理化学性能的技术要求见表 3-3。

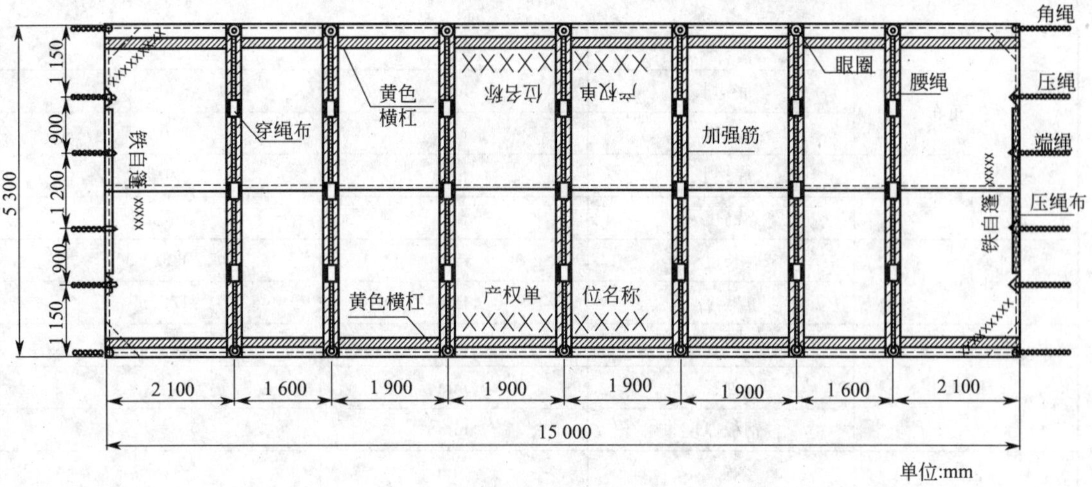

图 3-3　自备货车 D 型篷布示意图(正面)

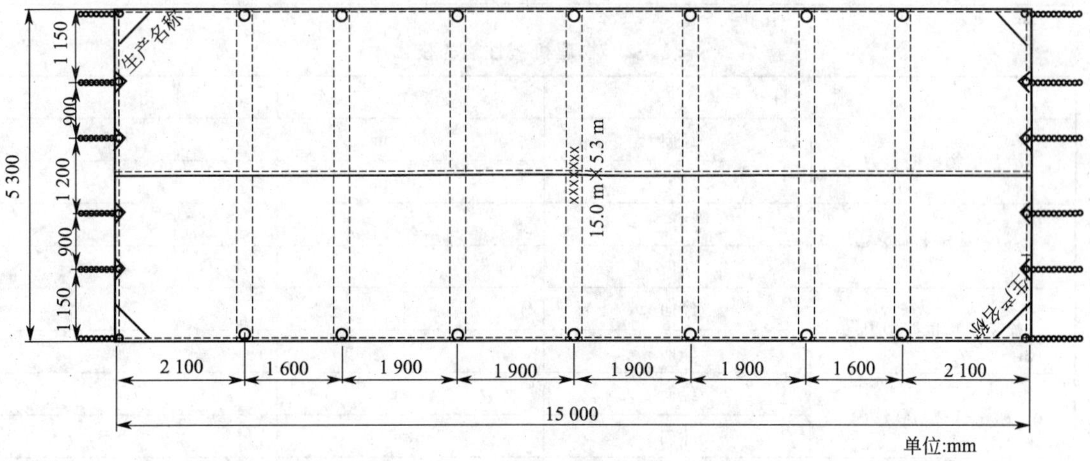

图 3-4　自备货车 D 型篷布示意图(反面)

表 3-1　规格尺寸及偏差

项目		单位	指标
涂覆织物	厚度	mm	$0.50^{+0.12}_{-0.05}$
	质量	g/m²	600±50
篷布规格	长度	mm	15 000±150
	宽度	mm	5 300±50
焊缝	宽度	mm	50±5
	数量	个	≤1
加强筋	宽度	mm	100±5
穿绳布	长度	mm	100±5
	宽度	mm	125～130

续表

项　　目		单位	指标
大三角布	底边长	mm	600±5
	高度	mm	300±5
小三角布	底边长	mm	320±5
	高度	mm	160±5
压绳布	长度	mm	2 600±30
	宽度	mm	120±5
眼圈	内径	mm	22～25
	外径	mm	44～50
	钢板厚度	mm	0.3～0.4
包边	宽度	mm	60±5
缝纫针码		针/100 mm	16±2
相邻眼圈间距		mm	间距如图 3-1 所示，偏差为±50

表 3-2　物理机械性能的技术

项　　目		单位	指标
涂覆织物破断拉力	经向	N/50 mm	≥3 500
	纬向	N/50 mm	≥3 500
涂覆织物破断伸长率	经向	%	≤30
	纬向	%	≤30
涂覆织物抗撕裂力	经向	N	≥500
	纬向	N	≥500
涂覆织物柔软性	经向	mm	≤55
	纬向	mm	≤55
焊缝剥离力		N/40 mm	≥65
穿绳布抗拉力		N	≥800
眼圈抗拉力		N	≥2 000

表 3-3　物理化学性能的技术要求

项目		单位	老化前	老化后	水萃取后	摩擦 700 周期后
涂覆织物	防水性能	mm 水柱	≥2 000	≥2 000	≥2 000	≥2 000
	耐寒性能	—	−20 ℃下裂痕小于 1 mm	−10 ℃下裂痕小于 1 mm	−10 ℃下裂痕小于 1 mm	—
	阻燃性能	s	≤10	≤10	≤10	—
焊缝	防水性能	mm 水柱	≥2 000	≥2 000	≥2 000	—

7. 涂覆织物的防霉性能

涂覆织物的防霉性能应达到《电工电子产品环境试验》(GB/T 2423.16—1999)试验 J 方

法规定的一级标准。

8. 涂覆织物的毒性要求

涂覆织物的毒性应达到基本无毒的要求。

9. 绳索的规格及机械性能

腰绳由弹力部分和主体绳索组成，弹力部分采用弹力棒外加编制绳套，每根弹力绳有两段弹力部分，主体绳索包括两段弹力部分之间的编织绳索（扁带）部分和每段弹力部分距离绳头的拧绞绳索部分。绳索的材质和指标等见表 3-4。

表 3-4 绳索的材质和指标

种类	主要材质	项目		单位	指标
包边绳	聚丙烯	股数		股	3
		直径		mm	8±1
		破断拉力		N	≥8 400
		伸长率		%	≤10
腰、端、角、压绳	聚烃纶扁丝掺麻、麻线（或棉线）、橡胶棒	股数		股	3
		绳索直径		mm	≥9
		绳索长度	压绳	m	11.5±0.2
			端、角绳	m	3.0±0.2
			腰绳	m	11.0±0.2
		破断拉力		N	≥8 400
		伸长率（拧绞绳索）		%	≤15
		伸长率（编织绳索）		%	≤15
		弹力棒直径	两端部分	mm	17±1
			中间部分	mm	15±1
		弹力棒长度	总长	mm	410±10
			中间部分长度	mm	260±10
		两弹力棒内侧之间的距离		mm	5 400～5 600
		500 N 拉力下弹力部分的伸长量		mm	270～330
		1 000 次疲劳试验后弹力棒的伸长量		mm	≤60

三、制　　作

1. 涂覆织物的拼接

篷布幅面间的拼接采用热风焊压工艺。焊压处应平整、正直，不应有折皱、孔隙、脱压的现象。

2. 缝制要求

(1)篷布的缝制应平直，无脱针断线，无浮线，起针和止针处回针不应少于 3 针。

(2)每条加强筋上应均匀焊接 3 个穿绳布，穿绳布的中间应适当拱起，便于腰绳穿过。

(3)筋角应与布面平整服帖，不应起鼓和折皱。

(4)大、小三角布制作要求如图 3-5 所示。

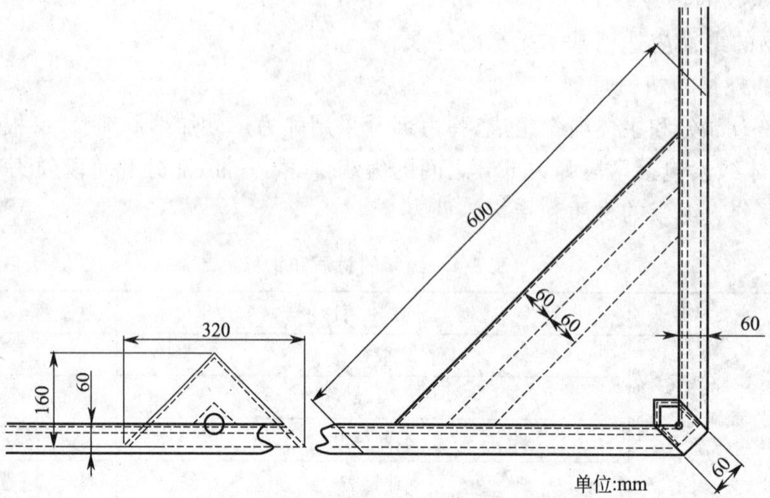

图 3-5 货车 D 型篷布大、小三角布示意图

(5)压绳布的缝线应双道,紧靠压绳的两道缝线间距不小于 45 mm,压绳布的中间应适当拱起,便于压绳穿过,起针和止针处回针不应少于 50 mm。

3. 眼圈的安装

眼圈材质为不锈钢,外形应平整光滑。眼圈紧靠包边绳,牢固地安装在篷布的同一平面上。篷布 4 个角的眼圈处缝制大三角布,篷布两端的眼圈处缝制小三角布。

4. 弹力绳制作

将两根弹力棒分别编入距两端绳头 2 m 处,将编织绳压缩在弹力棒外围。弹力棒两端的系绳分别从编织绳中伸出,用马蹄扣与腰绳主体结成一体,马蹄扣不少于 5 扣。弹力部分一端距离绳头变为 3 股绳,整体无断接。弹力部分拉长 300 mm 后不能再拉伸,由编织绳受力。绳头末端热黏合处理,端头不松散。

5. 绳索插接

端绳、角绳穿过眼圈后应牢固插接。包边绳对接处应牢固插接,对接点不能超过 2 个。所有插接处的插扣为 8 个以上。绳头用苎麻线或涤纶线紧绕 5 圈,再缝扎 4 针,绳头末端热黏合处理不松散。

6. 压绳、腰绳与篷布的连接

压绳穿过眼圈和压绳布,在眼圈外打结。腰绳通过眼圈和穿绳布与篷布连接。腰绳一端从眼圈穿出后,绳头再向回,从腰绳和篷布间穿过,打一个活结;另一端从眼圈穿出后,向回打一个死结。相邻两腰绳活结、死结位置交错。腰绳通过眼圈和穿绳布后其弹力部分应成自然放松状态。

四、试验方法

1. 试验环境条件

试验应在 ISO 2231 规定的大气“A”的条件下进行,即温度为(20±2)℃,相对湿度为

65%±5%，或者温度为(23±2)℃，相对湿度为50%±5%。样品应在试验环境条件下放置1 h以上，检验报告中应记载试验时的温度和湿度。对于所有试验项目，制造和试验之间的时间间隔不应小于16 h。

2. 外观检验

在自然光线条件下，用目测对篷布进行全面检查。

3. 尺寸的测量

(1)篷布长度和宽度的测量

用分度值为1 mm、量程大于所量尺寸的钢卷尺分别等间距测量长度和宽度各3次，取其平均值作为测量结果，精确至10 mm。

(2)绳索长度的测量

用分度值为1 mm、量程大于所量尺寸的钢卷尺测量绳索的长度，角绳和端绳的长度均是从绳环的端头到绳索末端的距离，腰绳和压绳的长度是展开后两末端间的距离，各取3个测量数据的平均值作为测量结果，精确至10 mm。

(3)绳索直径的测量

按《绳索有关物理和机械性能的测定》(GB/T 8834—2006)进行，取3个测量数据的平均值作为测量结果，精确至0.1 mm。

(4)眼圈间距的测量

用分度值为1 mm、量程大于所量尺寸的钢卷尺测量相邻眼圈中心的间距，取3个测量数据的平均值作为测量结果，精确至10 mm。

(5)眼圈规格的测量

用游标卡尺测量3个眼圈，取3个测量数据的平均值作为测量结果，内外径精确至0.1 mm，钢板厚度精确至0.01 mm。

(6)其他尺寸的测量

用分度值为1 mm、量程大于所量尺寸的钢卷尺测量，各取3个测量数据的平均值作为测量结果，精确至1 mm。

4. 涂覆织物厚度的测量

用外径千分尺沿试样宽度方向，左、中、右位置取5个点测量，精确至0.001 mm。

5. 涂覆织物质量的测量

沿宽度方向的左、中、右3处，裁取宽100 mm、长100 mm的试样3块，用五级分析天平称量，准确至0.1 g，取3片测量的算术平均值乘以100，即为每平方米的质量。

6. 涂覆织物破断拉力及破断伸长率的测定

沿经纬方向各裁取长250 mm、宽50 mm的试样5块，在每块的中间位置上标出100 mm的标距，依次编码。将试样夹于试验机夹具上，夹具间距为200 mm，以200 mm/min速度拉伸，记录试样被拉断时的最大负荷和标线长度，取5次试验算术平均值作为检验结果。

7. 涂覆织物抗撕裂力的测定

按《纺织品、织物撕破性能　第2部分：舌形试样撕破强力的测定》(GB/T 3917.2—1997)中双舌法、电子装置计算的方法，取值按2高2低进行；以(100±10)mm/min速度拉伸，试验机的灵敏度为10%。取样时撕裂起点距加强丝15 mm；检验结果取5次试验算术平均值，每次取值应包含 2 个加强丝的峰值，如果只包含 1 个加强丝的峰值为无效数据。

8. 涂覆织物柔软性的测定

按《橡胶或塑料涂覆织物柔软性测定》(HG/T 3053—1999)中的扁环法进行。经、纬向各用 3 个试样测得的 6 个数值的算术平均值作为检验结果。

9. 防水性能的测定

(1)涂覆织物

沿左、中、右方位分别裁取 200 mm×200 mm 的试样 3 块，用水压仪测试。将试样分别平稳放置试片到下压板上，盖好上盖，压紧。使水位表在零位，然后放水，以 10 cm/s 的速度上升，直到试片上出现第一滴水，记下此时的水柱高度。取 3 块试样出现第一滴水的水柱高度(mm)的算术平均值作为试验结果。

(2)篷布焊缝

裁取 200 mm×200 mm 的带焊缝的试样 3 块，焊缝处于试样的正中间。试验方法同测试涂覆织物的防水性能。

10. 涂覆织物耐寒性能的测定

沿经向裁取长 60 mm、宽 20 mm 试样 3 块，用低温冲击仪进行试验。将试样长度方向的侧端重合并夹于定位器上，其折曲部分置于砧座中央，在盛有工业乙醇加干冰的(−20±1)℃保温槽内保持 5 min，转动定位器将重锤落下，升起依次冲击试样，待试样全部冲击之后，取出定位器，将试样取出目测观察，若 3 块试样中有 1 块表面产生长度为 1 mm 以上的裂口，则耐寒试验为不合格。

11. 涂覆织物阻燃性能的测定

在试样的左、中、右方位沿经向裁取长 200 mm、宽 20 mm 的试片 5 条，并依次编码。点燃酒精灯(无水酒精不应少于容器的 1/3)，火焰的总高度(外焰)始终控制在 20 mm，将试片悬垂于火焰之中 10 mm(并始终保持此高度)，燃烧 10 s 后，缓慢离火，测其试片的残燃时间，以秒为单位。取 5 个试片的算术平均值作为检验结果。

12. 涂覆织物老化性能的测定

沿经向裁取长 500 mm、宽 500 mm 的涂覆织物试样 3 块和带焊缝的试样 1 块，放置在温度为(100±2)℃的热老化试验箱中，保持 144 h 后取出，在室温下冷却 0.5 h 以上，再在每块试样上分别裁取作防水性能、耐寒性能、阻燃性能试验的试样，按照第 9、第 11 条的规定进行防水、阻燃性能的测试试验。按照第 10 条规定的方法在−10 ℃温度下进行耐寒性能的测试。

13. 涂覆织物水萃取性能的测定

沿经向裁取长 500 mm、宽 500 mm 的涂覆织物试样 3 块和带焊缝的试样 1 块，室温下浸泡在容器中，每隔 24 h 换水一次，144 h 后取出，在(100±2)℃的温度下烘 60 min。之后分别裁取防水性能、阻燃性能及耐寒性能试验的试样，按照第 9、第 11 条的规定进行防水、阻燃性能的测试检验。耐寒性能试验的试样按照第 10 条规定的方法在−10 ℃温度下进行测试。

14. 涂覆织物防霉性能的测定

按 GB/T 2423.16—1999 规定的方法进行。

15. 涂覆织物毒性试验

按《工业毒理学试验方法》(卫生部颁)进行。

16. 焊缝剥离力的测定

沿焊缝方向裁取长 200 mm、宽 40 mm 的试样 3 块。在试样的一端将焊缝剥开 50 mm，将两剥离的片分别夹置于试验机的夹具上，以(200±50)mm/min 的拉伸速度剥离，试样有效剥离长度至少为 70 mm，取 3 块试样的算术平均值作为该项检验的结果。

17. 穿绳布抗拉力的测定

取带有穿绳布的篷布进行试验，以(200±50) mm/min 的速度施力，记录穿绳布破坏时的最大拉力值，取 3 块试样的算术平均值作为该项检验的结果。

18. 眼圈与篷布连接强度的测定

在篷布两侧小三角处 3 块眼圈试样，裁取长 150 mm、宽 100 mm 的试样，眼圈位于宽度方向中部。模拟眼圈的实际受力情况进行试验，以 50 mm/min 的速度匀速施力，记录眼圈被破坏或篷布损坏时的最大负荷，3 块试样中的最小值作为该项检验的结果，计算精确至 1 N。

19. 涂覆织物刺破强力的测定

分别裁取直径为 100 mm 的圆形试样 10 块，将顶杆和夹好试样的环形夹具安装在万能试验机上。试验机以(300±10)mm/min 速度运行，直至试样被刺破，记录其最大值作为该试样的刺破强力。以 10 块试样的平均值作为该项检验的结果，记录其最大值作为该试样的刺破强力，以 10 块试样的平均值作为该项检验的结果。计算精确至 1 N。

20. 涂覆织物耐磨性的测定

分别裁取 200 mm×300 mm 的试样 5 块，将篷布固定在上平板上，反面朝外，将 P_{80} 棕钢玉干磨砂布固定在可往复运动的下平板上，使反面与纱布对磨。对上平板施加包括上平板重量在内共(6±0.01)kg 的荷重，上下平板对齐后，下平板以每分钟 90 周期的频率磨 700 周期。然后按第 9 条规定对磨损后的试样进行防水性能试验。

21. 绳索机械性能的测定

(1)外观检查

采用目测，检查绳索材质、结构等是否符合要求。

(2)绳索破断拉力及伸长率的测定

①试样准备：取一定长度的绳索试样 3 根，在每根试样中间处画出 100 mm 的间距标线。

②伸长率测试：将试样在拉伸试验机上以 100 mm/min 速度进行拉伸，当负荷达到标准破断拉力值的 80%时，测出标线的间距，伸长率可由下式算出，取 3 个试样的平均值作为该项检验的结果：

$$伸长率(\%)=[(L-100)/100]\times100\%。$$

式中 L 表示 80%破断拉力时的标线间距离，单位为 mm。

③ 破断拉力测试：测量完伸长率之后，继续以 100 mm/min 拉伸至拉断，测出其破断拉力，取 3 个试样的平均值作为该项检验的结果。

(3)弹力绳性能试验

①主体绳索破断拉力及伸长率的测定

对主体绳索的编织绳索部分和拧绞绳索部分的破断拉力分别测定，试验方法同第 21 条第 2 点。破断拉力取两个部分检验结果的最小值判定，伸长率取 3 个试样的平均值作为该项检验的结果。

②弹力部分的弹性性能和破断拉力试验

弹力部分(弹力棒外加编织绳套)在常温下、或经紫外线照射 5 日或高温 70 ℃下 7 日、低温−50 ℃下 7 日处理,经过预处理的试样应在 5 min 之内开始试验。

将常温下和经预处理的弹力部分固定在拉伸试验机上,以 200 mm/min 的速度进行拉伸,测量力值达到 500 N 时弹力部分的伸长量,并测出其破断拉力。伸长量取各种条件下的 3 个试样的平均值作为该项检验的结果,破断拉力取各种条件下的 3 个试样的最小值作为该项检验的结果。

③ 弹力部分的往复拉伸疲劳性能试验

将常温下弹力部分固定在试验机上,做如下往复拉伸疲劳试验:以 500 mm/min 的速度拉长 300 mm 后再恢复原长,如此做 1 000 次往复拉伸,试验后测量弹力部分的伸长量。取 3 个试样的平均值作为该项检验的结果。若在试验过程中弹力部分损坏,则该项检验不合格。

五、折叠与打包、储存、标志及有效期限

1. 篷布的折叠与打包方法见技能部分。

2. 篷布应在室内储存,空气要流通,勿靠近热源。

3. 篷布颜色为深蓝色(色卡号 RAL5010)。正面标志文字为白色魏碑体,反面标志文字为白色仿宋体,所有标志颜色均匀,清晰不易磨掉,每张篷布上的所有篷布编号相同。

铁路篷布按下列要求标打。

(1)篷布正面

两侧有高度为 420 mm、宽度为 320 mm 的"中国铁路"4 个字;高 520 mm、宽 470 mm 的路徽以及高 300 mm、宽 210 mm 的 7 位数篷布编号,字间距 200 mm,号间距 150 mm,行距 100 mm,篷布编号距篷布边缘 300 mm。两对角有高 170 mm、宽 150 mm 的路徽及高 120 mm、宽 85 mm 的相同的篷布编号,字间距 50 mm,行间距 100 mm,如图 3-1 所示。

(2)篷布反面

中间位置沿宽度方向有高 170 mm、宽 150 mm 的路徽;高 120 mm、宽 85 mm 的 7 位数篷布编号,字间距 50 mm;高 120 mm、宽 85 mm 的"15.0 m×5.3 m" 的篷布规格,字间距 35 mm,行距 100 mm。两对角有高 170 mm、宽 150 mm 的"铁道部"与生产厂名,字间距 50 mm,如图 3-2 所示。

4. 篷布绳索有效期限为 4 年。整根绳索应捻结标志线,内含产品名称、生产单位、联系电话、生产日期、有效期限。标志线使用 PE 材料制作,字迹必须清晰可见。

5. 每张篷布出厂时应有产品合格证,包括产品名称、生产单位、联系电话、产日期、有效期限等信息。

第三节 自 备 篷 布

一、自备篷布

《货车篷布管理规则》第 2 条规定:自备篷布是托运人自购自用的篷布。

这里要特别强调自备篷布与铁路篷布仅仅是所属产权不同,其质量标准及规格大小等都与铁路货车篷布相同,必须符合铁路运输相关规定。

二、自备篷布的标记

自备篷布按下列要求标打。

1. 篷布正面

沿长度方向两侧距边缘 200 mm 处涂打宽 150 mm 黄色通栏横杠标记。正面两侧距边缘 450 mm 以上处居中涂打产权单位名称和篷布编号，汉字高 400 mm、宽 300 mm，数字及符号高 300 mm、宽 210 mm，字间距 100 mm，上下行距 100 mm。两对角涂打篷布编号，高 120 mm、宽 85 mm，字间距 50 mm。两端居中涂打“铁自篷”和受理号，距底边 450 mm，汉字高 170 mm、宽 150 mm，数字高 120 mm、宽 85 mm，汉字间距 35 mm，数字间距 15 mm，如图 3-3 所示。

2. 篷布反面

中间位置沿宽度方向有高 120 mm、宽 85 mm 的 9 位篷布编号，字间距 20 mm、宽 85 mm 的“15.0 m×5.3 m”的篷布规格，字间距 50 mm，如图 3-4 所示。

三、什么情况下使用自备篷布

根据《货车篷布管理规则》第 7 条规定：托运人在铁路篷布不能满足其货物运输需求时，可购置自备篷布。

那么哪些情况为“不能满足其货物运输需求”呢？当托运人需要装运毒害品、腐蚀性物品及污染性物品时；铁路篷布长期不足，不能满足托运人运输需要时。

这两种情况都可视为“不能满足其货物运输需求”。

四、使用自备篷布的具体规定

《货车篷布管理规则》对自备篷布的质量、使用等都有严格规定，具体有以下 5 条：

第 4 条　铁道部指定的专业运输公司（以下称公司）负责铁路篷布购置、维修、报废和相应的安全管理。铁路局负责管内篷布运用、自备篷布管理和安全管理。铁路局、公司均应设专人负责篷布管理工作。

第 9 条　装车使用的篷布必须质量良好，篷布绳齐全，标记、号码完整清晰。篷布不得横苫、垫车、苫在车内，不得代替装载加固材料。铁路篷布不得与自备篷布混苫。篷布苫盖应符合篷布苫盖标准规定。

第 14 条　发站使用篷布前，应逐张检查质量。使用铁路篷布时，将篷布号码填记在货物运单“铁路货车篷布号码”栏内；使用自备篷布时，应在货物运单“铁路货车篷布号码”栏内划“×”符号，并检查托运人是否在货物运单“托运人记载事项”栏内注明“自备篷布×张”和号码。

专用铁路、铁路专用线使用铁路篷布时，由托运人凭车站填制的“货车篷布交接单”（附件 6）到车站领取。

制票时，应根据货物运单将铁路篷布号码填制在货票、货运票据封套篷布号码栏内；自备篷布张数和号码填记在“记事”栏内。

第 38 条　篷布的质量由产权单位负责，必须符合铁道部有关标准或技术条件。铁路局和公司要加强对篷布及篷布维修质量的监督检查。

第 39 条　托运人购置自备篷布应向装车站提出书面申请，逐级报送铁道部运输局，符合要求后，托运人与篷布生产单位签订购销合同。

第四节　货车篷布绳网、绳卡

一、货车篷布绳网

1. 货车篷布绳网的定义

货车篷布绳网(以下简称篷布绳网)是货车篷布的防护用网，用于对货车苫盖篷布的防护，防止运输途中篷布掀起或脱落。

(1)篷布绳网结构

篷布绳网采用对称的边角式的结构图形，由网筋和系绳构成，长度方向和宽度方向的网目数量都为偶数，其结构如图 3-6 所示。

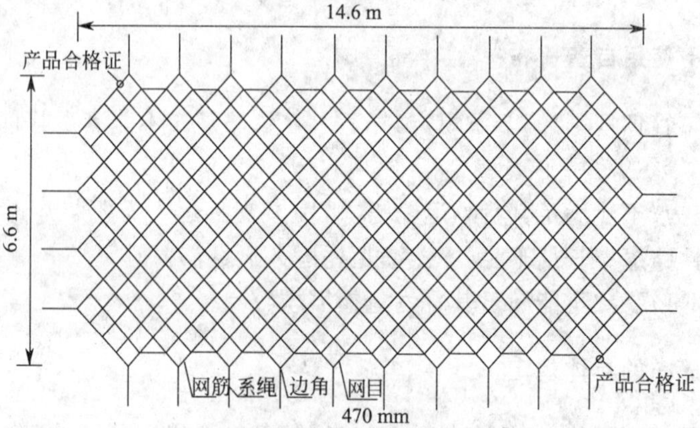

图 3-6　篷布绳网结构图

其中，网筋由绳索经编织或采用其他成网工艺而成，构成篷布绳网主体的网状物；系绳是篷布绳网边角上与车体固定的绳索；网目边长指篷布绳网网筋上的相邻两个结点之间的距离；网目数量是指相对的两个边角之间的网目数。

(2)篷布绳网规格尺寸及公差

篷布绳网的规格尺寸及公差见表 3-5。

表 3-5　篷布绳网的规格尺寸

绳网长度(m)	绳网宽度(m)	网目边长(mm)	网目数量(个)		边角个数(个)	系绳数量(根)	系绳长度(mm)
			长度方向	宽度方向			
14.6	6.6	470	22	10	28	28	2 500

注：尺寸公差为±2%。

(3)篷布绳网使用材料及制作要求

绳索采用聚烃纶扁丝制成，颜色为白色，具有阻燃性。同一张篷布绳网上的网目边长和制作方法应一致，不应有断筋、变形及有碍使用的编织缺陷，绳网结点编织应牢固，网目形状为正方形或菱形。

系绳应牢固拴结在篷布绳网的每个边角上，末端采用热切割，确保绳索端头不松散。

(4)绳索技术指标

绳索的直径为2.5～3.0 mm，绳索的破断拉力不小于1.5 kN，80%破断拉力时的伸长率不大于15%，绳索必须具有阻燃性，其续燃、阴燃时间均不大于10 s。绳索的耐磨性能必须满足绳索在摩擦试验机上摩擦600次不断。

2. 货车篷布绳网产品标志及储存时间

在篷布绳网两侧网筋上各牢固编织1张产品合格证，保证使用过程中不脱落。产品合格证使用PVC材料制作，内容包括产品名称、生产单位、联系电话、编号、绳索生产日期、绳网生产日期、绳网有效期限等信息。绳网采用9位编号，前4位是生产年月，后5位是顺序号。

篷布绳网有效期限为2年，自绳索生产之日起计算。

3. 货车篷布绳网使用规定

货车篷布绳网使用时必须遵守以下规定：

(1)篷布绳网由托运人自备，自愿选择符合技术条件要求的产品，限一次性使用。

(2)苫盖篷布的敞车必须在装车站加盖篷布绳网。凡未按规定使用篷布绳网的，一律不得挂运。使用篷布绳网的车辆，发站要在运单"承运人记载事项"栏内注明"已用货车篷布绳网"，并在货票记事栏内转记。

(3)苫盖篷布绳网时，网要盖正，网眼完全张开，与篷布密贴。先从车辆两侧拴结，使篷布绳网完全盖住篷布，最后拴结车辆两端的拴结点。篷布绳网不得作为货物加固材料使用。

4. 货车篷布绳网的安全质量管理

篷布绳网的使用直接关系支农物资和重点物质运输；篷布绳网质量和使用直接影响行车安全，所以铁路职工要高度重视篷布绳网的相关工作，明确管理人员和职责，落实安全责任，确保运输安全。

铁道部将定期或不定期组织对篷布绳网及绳网用绳索进行产品质量监督抽查或产品认证。

铁道部产品质量监督检验中心是铁道部授权的具有第三方公正地位的检验机构，负责篷布绳网及绳索质量监督检验技术工作，经检验不合格的篷布绳网和绳索不得上路使用。

车站应做好铁路篷布绳网质量管理工作，监督托运人使用符合规定的篷布绳网，建立健全包括进货日期、使用日期、使用单位、篷布绳网规格、使用数量、篷布绳网生产厂商等内容的篷布绳网使用管理台账。发站负责篷布绳网使用前的产品质量把关和苫盖质量管理工作。

二、可开启篷布绳卡

1. 可开启篷布绳卡的定义

可开启篷布绳卡(以下简称绳卡)由卡绳、锁紧齿、绳卡头构成的具有锁紧功能的构件。篷布绳、篷布绳网系绳余尾均须使用绳卡进行加固。绳卡采用聚烯烃注塑而成，不得使用再生料。绳卡颜色为白色，成型面外表光滑，锁紧齿外形规则整齐。

绳卡结构和尺寸如图3-7所示。

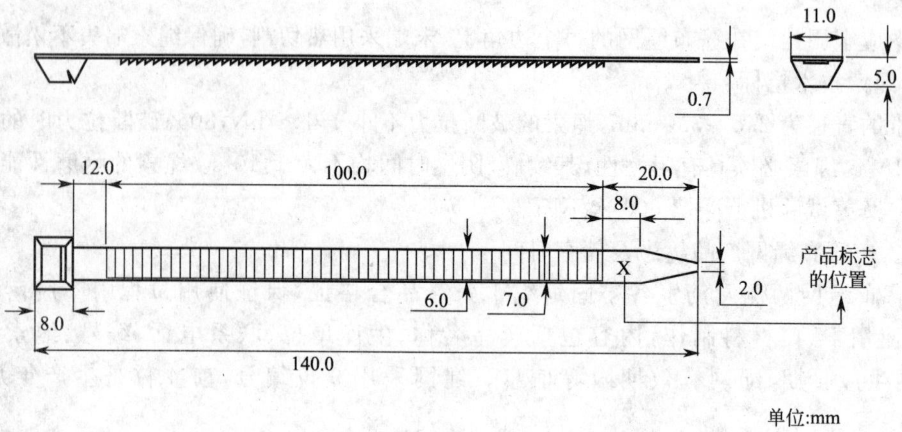

图 3-7　绳卡结构和尺寸图

绳卡规格尺寸及偏差见表 3-6。

表 3-6　绳卡规格尺寸及偏差

项　目	单　位	指　标
绳卡长度	mm	140.0±10.0
锁绳宽度	mm	7.0±1.0
绳卡厚度	mm	0.7±0.1
锁紧齿链长度	mm	100.0±5.0
锁紧齿宽度	mm	6.0±1.0
绳卡头长度	mm	8.0±1.0
绳卡头宽度	mm	11.0±1.0
绳卡头厚度	mm	5.0±1.0
绳卡头至锁紧齿长度	mm	12.0±1.0

以下是关于绳卡的术语注释：

(1)锁绳：采用聚烯烃注塑而成的薄型条状体，是绳卡的主体。

(2)锁紧齿：与卡绳联于一体，采用与卡绳相同材料、相同成型工艺所形成的齿形结构，通过它与锁绳头部齿形啮合实现锁紧。

(3)断裂槽：位于绳卡头部，在开启绳卡时产生应力集中以控制断裂方向的 V 型槽。

(4)绳卡头：卡绳联于一体，采用与卡绳相同材料、相同成型工艺所形成，具有卡绳插槽、锁绳头部齿形、断裂槽的结构。

(5)绳卡长度：绳卡外形的整体长度尺寸。

(6)绳卡宽度：卡绳外形宽度尺寸。

(7)绳卡厚度：卡绳的厚度尺寸。

(8)锁紧齿宽度：锁紧齿沿齿形方向的尺寸。

(9)锁绳插槽宽度：垂直于卡绳长度方向的卡绳插槽尺寸。

(10)锁紧齿齿距：相邻两锁紧齿齿顶在绳卡长度方向的距离。

(11)锁紧齿链长度：锁紧齿数与锁紧齿齿距的乘积。

2. 绳卡的技术指标

绳卡的技术指标见表3-7。

表3-7 绳卡技术指标

项目		单位	指标
锁绳破断拉力	常温	N	≥100
	高温(50 ℃、0.5 h处理，下同)	N	≥100
	低温(−50 ℃、0.5 h处理，下同)	N	≥100
锁绳破断伸长率	常温	%	≤20
	高温	%	≤20
	低温	%	≤20
绳卡打开拉力	常温	N	50～70
	高温	N	50～70
	低温	N	50～70
插入、锁闭性能		—	锁绳能自如插入绳卡头内，且锁闭良好
耐折性		—	绳卡头尾对折180°，对折处压实，弯折处无裂纹

3. 绳卡产品标志

绳卡尾部正面印有产品标志，为生产单位名称中的一个有代表性的汉字，文字为小四号宋体。每1 000枚绳卡为1个包装，包装内应附有产品合格证，包括产品名称、生产单位、生产日期、有效期限等信息。

4. 绳卡使用要求

(1)绳卡由托运人自备，为一次性使用，禁止重复使用。

(2)绳卡有效期年限为2年。

复习思考题

1. 货车篷布是怎样分类的？
2. 篷布号码有何规定？
3. 篷布涂塑有何规定？
4. 篷布的几何特征是什么？
5. 篷布大、小三角尺寸是怎样规定的？
6. 眼圈规格是怎样规定的？
7. 绳索及眼圈的抗拉力分别是多少？
8. 篷布制作有何要求？
9. 怎样测定穿绳布的抗拉力？
10. 怎样测定眼圈的抗拉力？

11. 怎样测定绳索的抗拉力？

12. 铁路篷布标志有何规定？

13. 自备篷布标志有何规定？自备篷布篷布使用有何规定？

14. 篷布绳索使用年限有何规定？

15. 篷布绳网的作用是什么？质量有何要求？

16. 绳卡的作用是什么？质量有何要求？

第四章 货车篷布的使用

第一节 铁路车辆

一、车辆分类

《铁路技术管理规程》第138条规定：车辆按用途分为客车、货车及特种用途车(如试验车、发电车、轨道检查车、检衡车、除雪车等)。

1. 客车的分类

客车依其构造形式和用途，分为以下类型：

(1)软卧车及硬卧车——供长途旅客乘坐及睡眠用。

(2)软座车及硬座车——供旅客乘坐使用。

(3)餐车——供旅客就餐使用。

(4)邮政车——供运送邮件及邮政人员使用。

(5)行李车——供运送旅客行李、包裹及行李员办公使用。

2. 货车分类

货车依其构造和用途分为：

(1)棚车——供装运贵重和怕晒、雨淋的货物使用。

(2)敞车——供装运散粒货物(如煤、矿石、砂等)、木材、钢材以及小型机器设备和集装箱使用；加盖防雨篷布之后，还可装运怕雨淋的货物以代替棚车使用。

(3)平车——供装运各种设备、汽车、木材、钢材和桥梁等体积较大的货物使用，并可装载各种军用设备。

(4)集装箱平车——供装运集装箱使用。

(5)平集共用车——具备平车和集装箱车使用用途。

(6)罐车——供装运各种液体、液化气体和压缩气体货物使用。

(7)水泥车——供装运散装水泥使用。

(8)粮食车——供装运散装粮食使用。

(9)毒品车——供装运有毒有害化学品使用。

(10)冷藏车——供运输防冻防腐货物使用。

(11)家畜车——供装运家畜和家禽使用。

(12)矿石车——供装运各种矿石、矿粉等货物使用。

(13)长大货物车——供装运超限或超重货物使用。

3. 特种用途车

特种用途车指具有特殊用途的专用车辆，如试验车、发电车、救援车、检衡车、轨道检查车、钢轨探伤车、接触网检查车、电务检查车、除雪车、文教车等。

二、车辆的基本构造

铁路上的车辆种类虽然很多,但它们的构造基本上是相似的,每一辆车都是由车体、车底架、走行部、车钩及缓冲装置和制动装置 5 个部分所组成。

1. 车体

铁路货车车体是车辆装载货物的部分,按其结构的外形分为棚车、敞车、罐车、平车及特种用途车等。

2. 车底架

车底架是车体的基础。它承受车体和所装货物的重量,并通过上、下心盘将重量传给走行部。在列车运行时,它还承受机车牵引力和列车运行中所产生的各种冲击力及其他外力。

车底架(如图 4-1 所示),由中梁、枕梁、横梁、端梁、侧梁及地板横梁等组成。

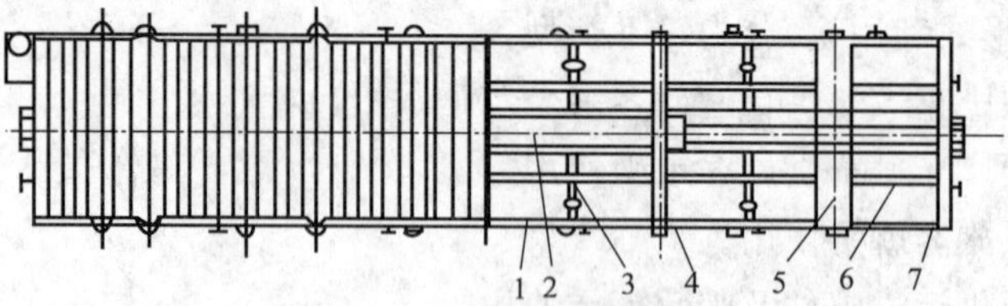

图 4-1　货车车底架

1—侧梁;2—中梁;3—地板横梁;4—横梁;5—枕梁;6—补助梁;7—端梁。

3. 走行部

走行部的作用是引导车轮沿轨道运行,并把车辆的全部重量传给钢轨。在四轴车上,四组轮对分成两部分,每两组轮对分别和侧架、摇枕、弹簧减振装置、轴油润装置组成一个转向架。每个转向架通过摇枕上的下心盘、中心销和车底架上的上心盘相连。转向架相对于车体底架能自由转动,这样便于车辆顺利地通过曲线。

下心盘和装在摇枕上的上心盘相对,车体重量集中于心盘传递到摇枕,再顺序传给枕簧、侧架、车轴、车轮,直到钢轨。反之车辆在运行中,来自钢轨的冲击力亦按上述反顺序传递到车体和货物。

车辆的下旁承装在摇枕两端的旁承盒内,上、下旁承之间空隙叫做旁承游间。旁承作用是当车辆通过曲线时,车体向内倾斜那侧的上下旁顾相接触,以限制车体过分倾斜和摇动,以实现运行的平稳。

4. 车钩及缓冲装置

车钩及缓冲装置包括车钩和缓冲器两部分,安装在车底架中梁的两端。它不仅能使车辆和车辆、车辆和机车间相互连挂,而且承受着机车的牵引力和列车运行及调车中的各种冲击力,所以它具有连接、牵引、缓冲 3 种作用。

车钩及缓冲装置如图 4-2 所示,由钩头、钩身、钩尾 3 个部分组成。在钩尾上装有钩尾框。框内装有缓冲器,缓冲器两侧装有从板,它和车底架上的从板座相贴合。

缓冲器的作用是缓和两辆车连挂时或列车运行中因速度增减而产生的冲击力,提高列车运行的平稳性,延长车辆的使用寿命,保证所装货物的安全。

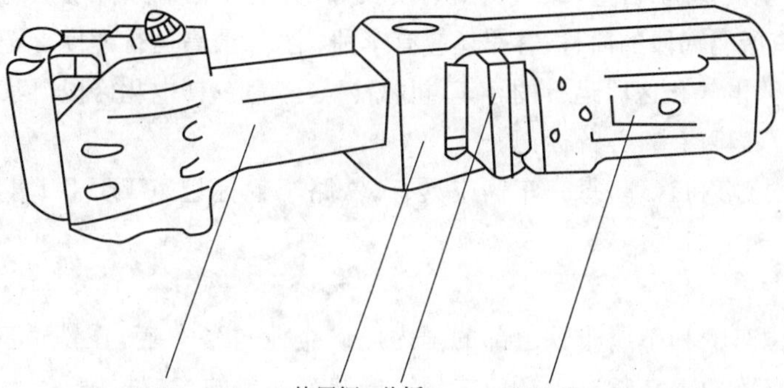

图 4-2　车钩及缓冲装置

5. 制动装置

制动装置是用外力迫使运行中的机车车辆减速或停车的一种设备，是车辆的主要组成部分之一。它不仅是列车运行安全正点的重要保证，而且也是提高列车重量和运行速度的前提条件。因此，制动装置直接影响着铁路的运输能力。

车辆上的制动装置由制动机和基础装置两部分组成。我国铁路车辆一般都同时装有空气制动机和人力制动机。

(1)空气制动机

空气制动机的设备一部分安装在机车上，一部分安装在车辆上，安装车辆上的设备有：

①制动主管及折角塞门：传送压缩空气的管路，安置在车底架下面，贯通各车的全长，称制动主管，在每辆车制动主管两端装有折角塞门，以便在摘挂车辆时关闭或开通压缩空气通路。在制动主管的中部连接有制动支管。

②截断塞门：安装在制动支管上，用以开通或遮断制动支管的压缩空气的通路，它平时总是在开放位置，只有当车辆的所装货物按规定应停止制动机作用时或当车辆制动机发生故障，才将它关闭，以便停止该制动机作用或对制动机进行检修。通常把关闭截断塞门，停止制动机作用的车辆叫“关门车”。

③空重车调整装置：因车辆的空重状态的重量相差较大，如果空重车使用同样制动，空车就嫌太大，容易损坏车辆，因此车辆上装有制动机空重调整装置，它包括空重车转换手把，空重车转换塞门和降压风缸。

另外空气制动机还有离心集尘器、三通阀及副风缸和制动缸等设备。

(2)人力制动机

在每车辆的一端，装有人力制动机，可用人力来使单节车辆或车组停车或减速。

(3)基础制动装置

基础制动装置是利用杠杆原理，将空气制动机或人力制动机产生的力量，扩大适当倍数，再向各个闸瓦传递力的装置。它由拉杆、闸瓦组成。

三、车辆标记

《铁路技术管理规程》第 139 条规定：车辆应有识别的标记：路徽、车型、车号、制造厂名及日期、定期修理的日期及处所、自重、载重、容积、换长等;货车应有车号自动识别标签;客车及固定配属的货车上应有所属局段的简称;客车还应有车种、定员、最高运行速度标记;罐车还应有标明容量计算表的号码;电气化区段运行的客车、机械冷藏车等应有“电化区段严禁攀登”的标识。

本条款规定了车辆上的必备标记。

为便于运用、检修和管理,每一车辆应具有《铁路车辆标记》(TB/T 1.1)中所规定的各种标记,主要标记的规定如下:

1. 路徽

为区别于外国车辆和不属于铁道部的国内厂矿企业自备车辆,在铁道部所属的车辆上一律按规定涂打铁路路徽。在货车上还应按规定安装带路徽的产权标牌。

2. 车型车号

车型车号指车辆型号及号码。车辆车型车号按照《铁路客车车型车号代码》(TB/T 2913)、《铁路货车车种车型车号编码》(TB/T 2435)的规定进行编码。

型号又分为基本型号和辅助型号。基本型号代表车辆种类,用汉语拼音字母表示,如YZ、RW、C、P、N等,见表4-1、表4-2。

表 4-1 客车基本型号表

顺号	车种	基本型号	顺号	车种	基本型号
1	软座车	RZ	9	公务车	GW
2	硬座车	YZ	10	医疗车	YL
3	软卧车	RW	11	卫生车	WS
4	硬卧车	YW	12	试验车	SY
5	行李车	XL	13	维修车	WX
6	邮政车	UZ	14	特种车	TZ
7	餐车	CA	15	救援车	JY
8	空调发电车	KD			

注:双层客车各车种的基本型号在相应车种前加“S”。

表 4-2 货车基本型号表

顺号	车种	基本型号	顺号	车种	基本型号
1	敞车	C	9	长大货物车	D
2	棚车	P	10	毒品车	W
3	平车	N	11	家畜车	J
4	罐车	G	12	水泥车	U
5	冷藏车	B	13	粮食车	L
6	集装箱平车	X	14	特种车	T
7	平集共用车	NX	15	双层小汽车运输车	SQ
8	矿石车	K			

辅助型号代表车辆的构造型式，用阿拉伯数字表示，附加在基本型号的右下方。如 YW_{25} 中的“25”、C_{70} 中的“70”，即表示该车为 25 型硬卧车和 70 型敞车的结构。

车号为车辆的顺序号码，每一辆车应有唯一的车号。客车、货车的车号编码采用数字码，客车以 6 位阿拉伯数字表示，货车以 7 位阿拉伯数字表示。

3. 制造厂名及日期标牌

制造厂名及日期标牌固定于车辆两侧梁的中部，铸有制造厂名及制造年月。

4. 定期修理的日期及处所

车辆定期检修的时间和检修单位简称，右侧为本次检修时间和单位，左侧为下次到期检修时间。

5. 自重

自重表示车辆本身的重量，以吨(t)为单位，取小数点后一位，小数点以后第二位四舍五入。

6. 载重

载重为车辆允许的最大载重量，以吨(t)为单位。

7. 容积

行李车、邮政车和货车(平车除外)可供装载货物的容量，以立方米(m^3)为单位，保留小数点后一位。总容积下面附加括号内(长×宽×高)的尺寸，以米(m)为单位，取小数点后一位。罐车还应标明容量计算表的号码，供计算不同罐车、装载不同深度时的实际装入量。

8. 换长

以两端车钩钩舌内侧距离为 11 m 的货车为换算单位。测量车辆两端车钩钩舌内侧距离的长度(m)与 11 m 的比值，即为该车的换长。

9. 配属标记

对固定配属的车辆涂打所属铁路局和车辆段的简称，如“京局京段”是代表北京铁路局北京车辆段的配属车。

10. 客车车种标记

为便于旅客识别车种，在客车两侧外墙板端部涂打车种汉字称号如“硬卧车”、“硬座车”等。

11. 客车定员标记

按客车设备(座位或卧铺数)标明可容纳人数，固定在客车内部两端门上部。

12. 车辆定位标记

车辆的方向定位称呼是以制动缸活塞杆推出的方向为第一位，相反的方向为第二位。在第一位车端还装有人力制动机。

车辆的车轴、车轮、轴箱、车钩、转向架、底架各梁和其他部件的位置称呼，是由第一位车端数起，顺次数到第二位车端。如果位置是左右相对的，则从第一位车端从左到右按照顺序数到第二位车端(站立在第一位车端，面向第二位车端，其左侧为单数，右侧为双数)。

车辆定位标记如图 4-3 所示。

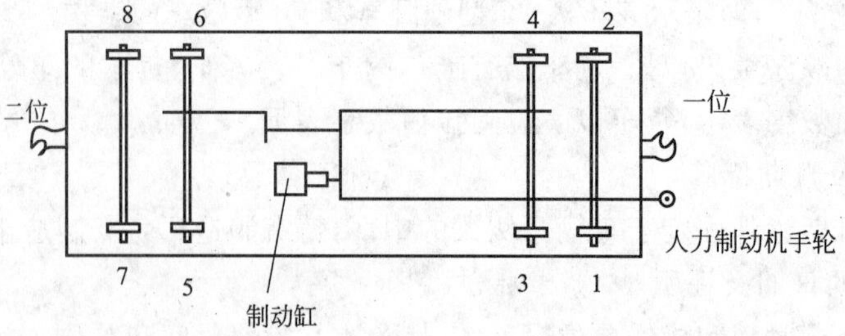

图 4-3　车辆定位示意图

棚车车门按人力制动机位置分为 1 门（与制动机同侧）、2 门，相应车窗分为 1、3、5、7 号窗（上部车窗为×号上窗），对侧为 2、4、6、8 号窗。敞车同样分为 1、2 号侧门（或中门），底开门（小门）对应分为 1、3、5、7、9、11 号小门，对侧为 2、4、6、8、10、12 号小门。凡拍发电报及编制记录需说明车辆方向和车体各部件位置以及车内货物装载位置时，均应按定位图说明。

13. 特殊标记

此外还有一些特殊标记：

（1）表示车内具有拴马环或其他拴马装置的货车。

（2）(MC)表示符合国际联运条件的车辆。

（3）表示禁止进入机械驼峰的车辆。

（4）(关)表示车辆活动墙板及其他活动部分翻下时，超过车辆限界，必须关闭后，方准运行。

（5）(超)表示车辆某部分超出车辆限界。

（6）(卷)表示在敞、煤、矿石等货车的侧梁端部装有卷扬机挂钩，指定在此部位用卷扬机拉车。

（7）(延)表示车辆允许延期检修标记。

（8）㊕表示可以装运坦克及特殊货物。

（9）须在指定部位吊装作业标记。

（10）白色横线——在车体两侧墙中央涂以宽 200 mm 的白色横线，表示救援列车的车辆。

（11）环型色带——装运危险货物的罐车。在罐体两侧纵向中部应涂刷一条宽 300 mm 表示货物主要特性的水平环形色带，红色表示易燃性，绿色表示氧化性，黄色表示毒性，黑色表示腐蚀性。

为了实现铁路货车的实时追踪管理，采用了机车车辆自动识别设备系统，可实时、准确地采集车辆运行状态数据，如列车车次、车号、状态、位置、去向和到发时间等信息，大大提高了铁路运输管理效率。机车车辆自动识别设备系统应符合《铁路机车车辆自动识别设备技术条件》（TB/T 3070—2002）的规定。货车车体底部应装有车号识别标签，在标签中可输入车辆被识别的信息。

为保证电气化区段的作业安全，在电气化区段运行的客车、机械冷藏车等车辆上，应有“电化区段严禁攀登”安全性标识。其标记位置一般在车辆端部的登顶扶梯处。

四、动 车 组

1. 动车组的基本概念

动车组是由动力车和拖车或全部由动力车长期固定地连接在一起组成的车组。动车组中带有动力的车辆称为动车(用 M 表示)，不带动力的车辆称为拖车(用 T 表示)，列车两端都带有司机室，可在线路上往复运动。除高速铁路、城际客运、市郊客运运用的动车组外，城市中的地铁列车和轻轨电车也属于动车组的范畴。

2. 动车组的分类

动车组按动力源可分为内燃动车组和电力动车组；按动力配置可分为动力集中式和动力分散式。动车组动力分散配置有两种模式。一种是完全分散模式，即高速列车编组中的车辆全部为动力车，如日本的 0 系高速列车，16 辆编组中全部是动力车；另一种是相对分散模式，即高速列车编组中大部分是动力车，小部分为无动力的拖车，如日本的 100 系、700 系高速列车，16 辆编组中有 12 辆动力车，4 辆是拖车，即 12 动＋4 拖。

动力分散动车组具有牵引功率大，最大轴重小，启动加速性能好，可靠性高，列车利用率高，编组灵活，运用成本低等诸多优点，因此，动力分散动车组是当今世界铁路动车组，特别是高速动车组技术发展的方向。

3. 动车组的特点

相对于传统的机车车辆模式，动车组在旅客运输方面有着很多突出的优点。由于列车在运行中固定编组，车站折返或换向时无需摘挂机车，节约停站时间，提高列车使用效率，减少车站咽喉压力。在保证安全的前提下，可明显提高行车密度，提高整个铁路网络的运输能力。

动车组的主要技术特点如下：

(1)头型流线化。

随着列车运行速度的提高，周围空气的动力作用一方面对列车和列车运行性能产生影响，同时列车高速运行引起的气动现象对周围环境也产生影响。

对于高速动车组来说，列车头型设计非常重要，好的头型设计可以有效地减少运行空气阻力，列车交会压力波和解决好运行稳定性等问题。

(2)车体结构轻量化。

为了节省牵引功率，降低列车高速运行所引起的动力作用对线路结构、机车车辆结构产生的损伤，以及提高旅客乘坐舒适度，需要最大限度地降低高速动车组的轴重。因此，国外各国高速列车车体的主要材料是铝合金和不锈钢，从发展趋势看，铝合金将成为动车组车体的主导材料。

(3)高性能转向架技术。

提高列车运行速度首先遇到的问题是转向架运行平稳性和安全性，所以，提高列车运行速度应具有高性能的转向架。对于高速转向架要求具有高速运行的稳定性，良好的曲线通过性能，并能满足乘客乘坐舒适度的要求。

(4)复合制动技术。

高速列车的制动能量与速度的平方成正比,因此,传统的纯空气制动能力已不能满足需要。因此高速列车必须采用能提供强大制动力并更好地利用黏着的复合制动系统。该复合制动系统通常由制动控制系统、动力制动、空气制动(包括盘形制动和踏面制动)系统、微机控制的防滑器和非黏着制动装置等组成。

(5)密接式车钩缓冲装置。

目前世界各国高速列车(如日本、德国)普遍采用密接式车钩连接装置,该装置两车钩连接面的纵向间隙一般都小于 2 mm,上下、左右偏移也很小,对提高列车的运行平稳性和电气线路、风管的自动对接提供了安全保证。

(6)交流传动技术。

早期的电力牵引传动系统均采用交－直传动,用直流电动机驱动。由于直流电动机的单位功率重量较大,使高速列车既要大功率驱动又要求减轻轴重,形成难以克服的矛盾。在交流转动系统中,交流牵引电动机较传统的直流牵引电动机具有结构简单、运行可靠、体积小、重量轻及造价低等一系列优点。交流牵引电动机没有整流子结构对电动机功率的限制,牵引功率可以得到进一步提高。

(7)列车自动控制及故障诊断技术。

列车自动控制系统(Advanced Train Control Systems,ATCS)对高速列车安全运行具有重要作用,世界各国在发展高速铁路时都十分重视列车自动控制系统的研究和开发,许多国家作为先进列车控制系统研制了多种基础技术设备,例如列车超速防护系统、卫星定位系统、车载智能控制系统、车载微机自动监测和诊断系统等。

目前在世界高速铁路上的自动控制方式主要分为两类。一类是以设备为主,人控为辅的控制方式,以日本新干线采用的 ATC 方式为代表。另一类是人机共用、人控为主的方式,以法国 TGV 高速列车为代表,主要采用有 TVM300 型安全防护系统及改进的 TVM430 型安全防护系统,还有德国 ICE 高速列车采用的 FRS 速差式机车信号和 LZB 型双轨条交叉电缆传输式列车控制设备等。

(8)倾摆式车体技术。

列车通过曲线时,未被平衡的离心加速度超过允许限度时会对乘客产生不舒适感,这种未被平衡的离心加速度与列车速度的平方成正比,由此限制了列车通过曲线时的速度。采用摆式列车可以在既有线路条件下使列车通过曲线时的速度提高约 30%。

第二节 货车篷布苫盖

一、货车篷布的使用基本条件及要求

1. 货车篷布仅用于苫盖敞车装运的怕湿、易燃货物或其他需要苫盖篷布的货物。篷布仅限敞车、平车使用,其他车辆和货物装载高度超过敞车端侧墙 1 m 以上或有押运人乘坐的敞车不得苫盖篷布。

2. 篷布、篷布绳网不得作为货物加固材料使用。

3. 需要加固的货物必须在苫盖篷布前捆绑加固完毕。

4. 货车绳栓上无残留的旧绳头、铁线等废弃物。

5. 货物装载高度低于车辆端侧墙时，可安置篷布支架，支架突出部位与篷布接触处应采取防磨措施。

6. 苫盖易于损坏篷布的货物时，在篷布与货物之间应采取防磨或防护措施。

7. 毒害品、腐蚀性物品及污染性物品不得使用铁路篷布。可使用自备篷布。

8. 装车使用的篷布质量必须质量良好。

9. 篷布不得横苫、垫车、苫在车内，不得代替装载加固材料。铁路篷布不得与自备篷布混苫。篷布苫盖应符合篷布苫盖标准规定。

10. 铁路篷布不得外借或挪作他用。发现时立即纠正，并按规定核收篷布延期使用费。

11. 篷布在全国营业铁路使用，铁路篷布进入未与国铁办理直通运输的合资、地方铁路时，自进入之日起，按每张篷布实际停留时间向合资、地方铁路核收合资、地方铁路货车篷布占用费。

12. 专用铁路、铁路专用线运输协议应包括铁路篷布交接、使用、保管、回送、延期使用费核收、损坏丢失赔偿等内容。

13. 到达专用铁路、铁路专用线的铁路篷布，自货车调到交接地点次日起，二日内由收货人将铁路篷布送到车站指定地点。收货人未按规定日期将铁路篷布送回时，应按规定核收货车篷布延期使用费。

二、货车篷布苫盖前的质量检查

发站使用篷布前，应逐张检查篷布质量。用于苫盖敞车的货车篷布必须是布体完整，无破损，眼圈完好，标记、号码完整清晰；绳索齐全、完整、无接头、插接牢固，与篷布连接正确。尤其要注意检查压绳布、穿绳布及绳索、眼圈的质量及破断拉力，不合格的货车篷布不得苫盖使用。

三、篷布的苫盖方法

1. 正面(腰绳向外)纵向苫盖。货车两侧篷布下垂高度应一致。货车人力制动机一端篷布下垂遮盖端墙部分高度 300～500 mm，另一端下垂遮盖端墙部分高度为 600 mm 左右。

2. 每车苫盖一张篷布。车辆较短时，篷布多余部分可折叠在中部相邻两腰绳处的篷布下方，折叠部分两腰绳对角拉紧拴固。

3. 将篷布角绳拉紧，使篷布角向内侧展开成三角形，布角两面压平后折向货车端墙，在车辆两端严密包角，使压绳压住包角。

四、篷布捆绑方法

1. 篷布绳应拴结在货车绳栓上，不得捆绑在其他部位。

2. 货车两端篷布角绳沿货车端墙交叉后分别拴结在车辆端部的两绳栓上。角绳经货车人力制动机闸台时,应从其上方通过;经闸杆、提钩杆时,应从其内侧穿过。

3. 货车两端篷布中间的两根端绳分别垂直向下拉紧拴结在车辆端部的两绳栓上,经提钩杆时,也应从其内侧穿过。

4. 篷布每端的压绳应压住篷布包角拉紧,使篷布紧贴在车辆端墙上,分别捆绑在车辆侧部的第一个绳栓上,不得拴结牵引钩上。

5. 腰绳应直拉拴结在车侧绳栓上。弹力绳弹力部分的拉伸长度不小于 200 mm,根据装载货物的情况具体确定。车辆中间有绳栓的,中间的腰绳捆绑在车辆中间的绳栓上;车辆中间无绳栓的,篷布中间的腰绳分别捆绑在靠近车辆中间的绳栓上。其他腰绳从车辆两端开始,朝向车辆中部,顺序捆绑在相应绳栓上。弹力棒不紧靠眼圈时,应将弹力绳从中间收起,并将中间多余绳索折叠打两个死结后余尾用绳卡或麻线绑 5 圈与自身绳杆捆紧。

6. 篷布绳拴接采用蝴蝶套结拴接法或回头花结法,拴接后的绳头,应绕在自身绳杆上,至少打两个死结。绳头余尾长度不得超过 300 mm,不短于 100 mm。

7. 除篷布自带绳索和篷布绳网外,不得使用其他绳索捆绑篷布。

五、篷布绳网苫盖

苫盖篷布绳网时,网要盖正,网眼完全张开,与篷布密贴。先从车辆两侧拴接,使篷布绳网完全盖住篷布,最后拴接车辆两端的拴接点。篷布绳网与货车的捆绑按照篷布与货车的捆绑要求办理。

六、绳卡使用

篷布绳、篷布绳网系绳余尾均须使用绳卡进行加固。使用时,将拴结后的绳尾拉紧贴在自身绳杆上,绳卡头印有标记面及齿面朝向外侧,离绳尾部 50 mm 处,将锁绳绕过绳尾和绳杆后锁绳插槽底部向上穿出,并沿锁绳插槽方向拉紧,将卡绳端锁紧齿与压块上的齿啮合,此时,绳卡进入锁紧工作状态。打开时,沿插槽反方向用力拉锁绳,绳头沿断裂槽处破坏,绳卡即可打开。

七、苫盖后检查

1. 篷布苫盖平坦,货物不外露,两端包角密贴,两侧线条流畅。各部位不超限。

2. 绳索拴结、捆绑位置正确,绳结牢固,无松弛脱落,捆绑在绳栓上的绳索呈蝶翅形结,绳头余尾长度为 100~300 mm。

3. 货车人力制动机一端篷布下垂遮盖端板部分长度为 300~500 mm。货车人力制动机闸盘外露,不影响人力制动机及提钩杆使用。另一端的下垂高度为 600 mm 左右,篷布过长时可超过此限制,但不得影响压绳使用。

4. 车辆两侧篷布下垂高度一致。

5. 篷布(包括篷布绳网)苫盖捆绑完毕后,装车单位对车辆两侧(包括篷布号码)、两端及中部篷布苫盖状态各拍照一张,留存 3 个月。

第三节 车站货车篷布作业程序与质量要求

一、货车篷布作业程序图

货车篷布作业程序如图 4-4 所示。

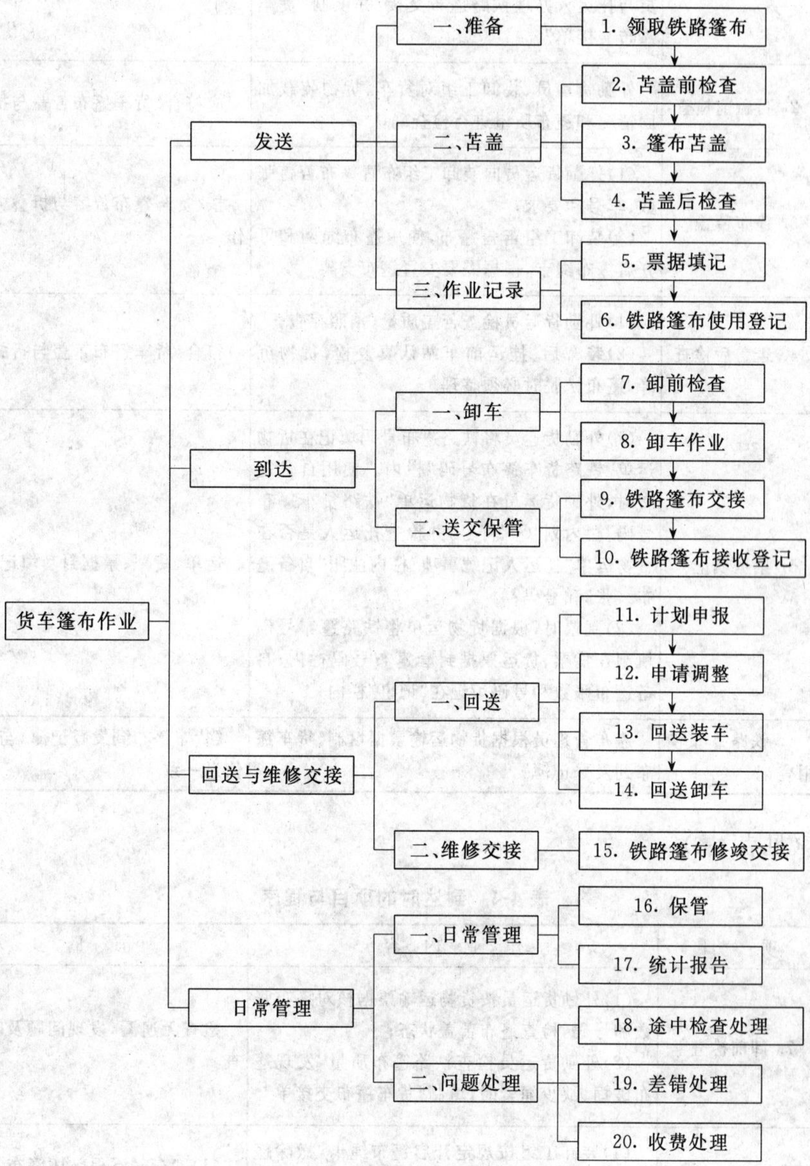

图 4-4 货车篷布作业程序图

二、货车篷布作业要求

1. 发送(见表 4-3)

表 4-3 发送时的项目与程序

程序	项目	作业内容	质量要求
一、准备	1. 领取铁路篷布	(1)外勤货运员向篷布管理员领取铁路篷布,并在《货车篷布到发登记簿》"记事"栏签字确认; (2)专用铁路、铁路专用线装车时,篷布管理员与托运人办理铁路篷布交接,并填制"货车篷布交接单"	(1)交接的篷布质量良好、号码清晰正确,张数无误; (2)严禁在地面拖拉篷布
二、苫盖	2. 苫盖前检查	外勤货运员、装卸工组对货车、货物装载加固情况和篷布质量进行检查确认	应符合《货车篷布苫盖与折叠方法》规定
	3. 篷布苫盖	(1)外勤货运员向装卸工组布置篷布苫盖张数、车号和要求; (2)装卸工组苫盖篷布,使用篷布绳网和可开启篷布绳卡,根据需要安置篷布支架	按《货车篷布苫盖与折叠方法》的规定操作
	4. 苫盖后检查	(1)外勤货运员检查苫盖质量,拍照存查; (2)装车后、挂运前车站认真复检,货物沉降、篷布松脱时必须整理	符合《货车篷布苫盖与折叠方法》规定
三、作业记录	5. 票据填记	(1)外勤货运员将铁路篷布号码填记在货物运单"铁路货车篷布号码"栏内。使用自备篷布时,外勤货运员在货物运单"铁路货车篷布号码"栏内划"⊗"符号,并检查托运人是否在货物运单"托运人记载事项"栏内注明"自备篷布×张"和号码; (2)制票时,根据货物运单将铁路篷布号码填制在货票、货运票据封套篷布号码栏内;自备篷布张数和号码填记在"记事"栏内	运单、货票、票据封套填记正确,无漏项
	6. 铁路篷布使用登记	篷布管理员根据货物运输票据填制《货车篷布到发登记簿》	《货车篷布到发登记簿》与货物运输票据信息一致

2. 到达(见表 4-4)

表 4-4 到达时的项目与程序

程序	项目	作业内容	质量要求
一、卸车	7. 卸前检查	(1)外勤货运员按货物运输票据核对篷布张数和号码,检查篷布苫盖状态; (2)外勤货运员检查铁路篷布质量,发现篷布破损、缺少绳索时,填制"货车篷布交接单"	检查无遗漏,发现问题及时记录、拍照存查
	8. 卸车作业	(1)装卸工组按规定开启篷布绳卡,撤除篷布绳网与篷布; (2)外勤货运员、装卸工组检查铁路篷布质量。发现篷布破损、缺少绳索时,填制"货车篷布交接单"; (3)装卸工组折叠篷布并打包,清理篷布绳网和绳卡	(1)卸车时不得破坏篷布及绳索,严禁割砍篷布绳索; (2)篷布绳网和绳卡不得遗留在货车绳栓上,不得夹杂在篷布中; (3)篷布的折叠与打包符合《货车篷布苫盖与折叠方法》规定

续上表

程序	项目	作业内容	质量要求
二、送交保管	9. 铁路篷布交接	(1)站内卸车时,外勤货运员将卸后篷布送到篷布保管地点并与篷布管理员办理交接;篷布破损、缺少绳索的,同时送交"货车篷布交接单"。利用到达篷布就地装车使用时,外勤货运员将篷布到达情况通知篷布管理员; (2)专用铁路、铁路专用线卸车时,将铁路篷布送到车站指定地点并与篷布管理员办理交接。篷布破损、缺少绳索的,外勤货运员将"货车篷布交接单"送交篷布管理员	(1)篷布张数、号码、质量状况交接准确; (2)严禁在地面拖拉篷布
	10. 铁路篷布接收登记	篷布管理员根据货物运输票据填制《货车篷布到发登记簿》	登记正确、账物相符

3. 回送与维修交接(见表 4-5)

表 4-5 回送与维修交接的项目与程序

程序	项目	作业内容	质量要求
一、回送	11. 计划申报	每旬(月)开始前,将下旬(月)预计铁路篷布短缺数量上报铁路局篷布调度	按货物装车需要、铁路篷布保有量和自备篷布使用情况,准确预测铁路篷布短缺数量
	12. 申请调整	(1)发现铁路篷布不足影响装车时,及时向铁路局篷布调度上报短缺数量,申请调入篷布; (2)发现铁路篷布积压时,将需要回送的待修篷布和运用篷布张数及时上报铁路局篷布调度	(1)需从外站调入篷布时,应考虑回送时间,提前上报短缺数量; (2)铁路篷布积压时,应积极主动地向铁路局篷布调度汇报,加速篷布周转
	13. 回送装车	(1)接收铁路局篷布回送命令,向有关人员传达,做好回送准备; (2)篷布管理员清点篷布张数,确认篷布号码; (3)篷布管理员填写"特殊货车及运送用具回送清单"一式两份,一份随车运送到站,一份留站存查。合资铁路、地方铁路回送时,应增加一份送交接站; (4)篷布管理员填写"货车篷布交接单",运用篷布的交接单一式两份,一份留站存查,一份随车运送至到站,待修或待报废篷布增加一份交篷布修理所; (5)组织装车	(1)回送清单、交接单与实际装车数相符; (2)严禁在地面拖拉篷布; (3)运用篷布与待修、待报废篷布混装回送时,应在车内分跺码放,分别填记"货车篷布交接单"
	14. 回送卸车	(1)组织卸车; (2)外勤货运员按"特殊货车及运送用具回送清单"和"货车篷布交接单"核对篷布数量和号码; (3)运用篷布送到保管地点,待修或待报废篷布送到篷修所; (4)篷布管理员根据货物运输票据填制《货车篷布到发登记簿》	(1)严禁在地面拖拉篷布; (2)待修或待报废篷布时,篷修所应到现场参与卸车
二、维修交接	15. 铁路篷布修竣交接	(1)篷布修竣后,篷修所与车站办理篷布张数、号码交接; (2)车站发现质量问题,严禁上路使用,并及时向铁路局和集装箱公司反映	(1)修竣篷布上应粘贴"篷布维修合格证"; (2)篷布张数、号码准确无误

4. 日常管理(见表4-6)

表4-6　日常管理的项目与程序

程序	项　目	作　业　内　容	质　量　要　求
一、日常管理	16. 保管	固定地点堆存保管,进行日常整理和晾晒。必要时进行清扫、洗刷	(1)运用、待修、待报废篷布分区码放,堆码整齐,账、布相符; (2)篷布的折叠与打包符合《货车篷布苫盖与折叠方法》规定
	17. 统计报告	(1)篷布到发量大的车站篷布调度员或篷布管理员登记"货车篷布出入推算表"; (2)车站每日填制"货车篷布报告",18时前上报铁路局篷布调度; (3)分界站每日填制"分界站货车篷布出入报告",向双方铁路局篷布调度报告	(1)根据列车编组顺序表、回送清单、货票等填写推算表; (2)根据实际情况填写报告,做到及时准确
二、问题处理	18. 途中检查处理	(1)对运输途中的货车,车站认为需要苫盖篷布时,须经铁路局篷布调度批准。苫盖后,在货物运单、货票、货运票据封套、列车编组顺序表作相应修改,同时编制普通记录并拍发电报通知到站及有关单位; (2)运输途中发现未按规定使用篷布绳网时,发现站须补苫后方可继续运输,相关费用向发站清算,并将漏苫和处理情况电告发站、发局并抄所在局、铁道部运输局; (3)货检站对苫盖篷布的车辆要严格检查,发现篷布绳索、篷布绳网绳索松脱等问题时,要进行整理	(1)逐车检查,不得遗漏; (2)对有问题的车辆,处理符合要求后方可放行
	19. 差错处理	(1)使用铁路篷布,货物运输票据记载的张数、号码与实际不符时,发现单位应按实际更正,编制记录并向发到站和发到局篷布调度拍发电报; (2)到站发现从外站回送篷布的数量和号码与实际不符时,应向发站、发到局篷布调度拍发电报; (3)卸车时或卸车后发现篷布破损、缺少绳索的,按《铁路篷布损坏丢失处理办法》处理	(1)按实际情况核实后及时处理; (2)电报拍发及时,问题描述清楚; (3)根据运输途中编制的记录以及拍发电报、卸车前检查结果、篷布破损状况、卸车情况,进行损坏责任判定
	20. 收费处理	(1)铁路篷布进入未与国铁办理直通运输的合资、地方铁路时,自进入之日起,按每张篷布实际停留时间向合资、地方铁路核收合资、地方铁路货车篷布占用费; (2)到达专用铁路、铁路专用线的铁路篷布,自货车调到交接地点次日起,二日内由收货人将铁路篷布送到车站指定地点。收货人未按规定日期将铁路篷布送回时,应按规定核收货车篷布延期使用费	(1)各项作业时间记录准确,收费根据清楚; (2)按规定核收各项费用,不得漏收少收

第四节　货车篷布使用费用

一、篷布费用

1. 货车篷布使用费

使用铁路篷布苫盖货车时，按使用张数向托运人核收取货车篷布使用费。货车篷布使用费属铁路货运营运杂费第8项。

D型篷布使用费为500 km以内120元/张，501 km以上：168元/张。

《铁路货物运价规则》第9条规定：D型长大货物使用费、铁路集装箱使用费、货车篷布使用费按发站至到站的运价里程(含与国铁办理直通运输的合资、地方铁路的运价里程)计算核收。

[例4-1]　贵阳西发昆明东一车大米，用60 t敞车装运，使用路用D型篷布两块，并派有两名押运人。承运人卸汽车、搬运、装火车。计算本次运输的运杂费。

解：由于运价里程、基金里程、电气化里程、押运里程均为621 km，且大米为4号运价，基价1为10.5元/t，基价2为0.053 7元/吨公里，又由于大米为粮食，免收铁路建设基金。

因此，得：

运费为(10.5＋0.053 7×621)×60＝2 630.90(元)

电化费为0.012×621×60＝447.10(元)

印花税为(2 630.90＋445.7)×5/10 000＝1.50(元)

篷布使用费为168.00×2＝336.00(元)

押运人乘车费为3.00×621/100×2＝42.00(元)

发站装卸费包括：卸汽车为4.3×60＝258.00(元)

装汽车为4.3×60＝258.00(元)

搬运费为2.6×60＝156.00(元)

合计发站装卸费为672.00(元)

通过计算，本次运输的运杂费为4 129.50元。

2. 货车篷布延期使用费

(1)《货车篷布管理规则》第12条规定：专用铁路、铁路专用线运输协议应包括铁路篷布交接、使用、保管、回送、延期使用费核收、损坏丢失赔偿等内容。

到达专用铁路、铁路专用线的铁路货车篷布，自货车调到交接地点次日起，2日内由收货人将铁路篷布送到车站指定地点。收货人未按规定日期将铁路篷布送回时，应按规定核收货车篷布延期使用费。

(2)《货车篷布管理规则》第8条规定：铁路篷布不得外借或挪作他用。发现时立即纠正，并按规定核收篷布延期使用费。

(3)铁路篷布因托收货人责任损坏、丢失时，自指定送回车站之日起，至赔偿当日止，按规定核收篷布延期使用费。

D型篷布延期使用费为40元/张日，其他篷布延期使用费为20元/张日。

3. 铁路货车篷布占用费

《货车篷布管理规则》第11条规定:铁路篷布进入未与国铁办理直通运输的合资、地方铁路时,自进入之日起,按每张篷布实际停留时间向合资、地方铁路核收合资、地方铁路货车篷布占用费。

D型篷布占用费为每日每张40元。

二、铁路货车篷布损坏丢失处理办法

车站要按照《货车篷布管理规则》第19条的要求,认真办理篷布交接。发现篷布损坏丢失时,要及时、准确地填制"货车篷布交接单",并按《货车篷布管理规则》附件1内容规定核收赔偿费用。

1. 铁路篷布损坏、丢失时,由责任者赔偿,因不可抗力、运输途中治安原因造成的除外。

(1)由于社会治安原因造成运输途中苫盖和回送的篷布被盗、丢失,根据发站拍发的电报或车站编制的记录,报中铁集装箱公司(以下简称公司)审核后核减数字。

(2)苫盖和回送的篷布,在车站中转、保留、停留、待发、待卸时发生被盗,由责任者按规定作出赔偿后,凭公司审核结果核减数字。

(3)由于企业或个人责任造成篷布丢失,由企业或个人按规定赔偿。公司凭车站拍发的电报,审核后核减数字。

(4)行车事故、火灾事故造成的篷布灭失,根据事故单位所拍发的电报,责任清楚的由责任者按规定价格赔偿,责任不明的由发生事故单位按规定价格赔偿,根据公司审核结果核减数字。

(5)由于不可抗力等原因造成的篷布灭失,由发生单位逐级上报,由公司审核后核减数字。

(6)如有关局达不成一致意见,由不同意见方报铁道部篷布调度裁定。

2. 铁路内部责任划分有分歧时,由有关局协商;不一致时,报铁道部篷布调度裁决。

(1)由社会治安原因、自然灾害、行车事故和意外事故等造成货车篷布在运输途中发生被盗、丢失和灭失,由有关局明确责任,协商解决。

(2)不一致时由发生局开具公安部门、安检部门证明或事故报告逐级上报,统一由公司审查列损并核减数字。

3. 铁路篷布损坏、丢失按下列规定核收赔偿费用。

(1)发生报废、丢失时,按当年篷布购置价格赔偿。

(2)破损面积每100 cm^2 10元;篷布破损面积达到40%时,按当年购置价格赔偿。

(3)篷布绳损坏或丢失时,篷布绳索损坏丢失按以下标准赔偿:弹力绳50元/根,非弹力腰绳、压绳20元/根,角绳、端绳和边绳10元/根。

(4)铁路篷布因托收货人责任损坏、丢失时,自指定送回车站之日起,至赔偿当日止,按规定核收篷布延期使用费。

(5)因篷布报废、灭失、丢失和损坏而产生的篷布延期使用费,自责任者未按规定送回之日起,至收到责任者赔偿款之日止,每延长1日(不足1日按1日计算),按规定使用运费杂费收据核收篷布延期使用费。

4. 车站收取赔款后,需向铁路局篷布调度拍发电报,抄报铁道部篷布调度。电报内容包括：责任单位、篷布张数、篷布号码、赔偿金额、延期使用费金额、杂费收据号码等。

车站收取赔款后向铁路局篷布调度拍发电报；车站收取赔款时在杂费收据上应注明“篷布赔偿费”字样，否则不能核减数字。

5. 铁道部篷布调度应及时核减铁路局铁路篷布保有量。

(1)出现责任者丢失铁路篷布并已收取赔偿时，经铁道部篷布调度审核后，核减运用数；

(2)由于社会治安原因造成运输途中苫盖和回送的篷布被盗丢失，并有发现站拍发的电报或车站编制的记录及当地公安部门开具的证明，核减运用数；

(3)由于不可抗力等原因造成的篷布丢失，核减运用数。

复习思考题

1. 车辆是怎样分类的？敞车的构造及用途是什么？
2. 货车篷布苫盖前怎样检查，苫盖时应注意什么？
3. 货车篷布使用费及延期占用费是怎样规定的？
4. 铁路货车篷布损坏丢失处理办法是什么？
5. 铁路篷布损坏、丢失核收赔偿费用规定是什么？

第五章　货车篷布安全

第一节　铁路线路及限界

一、铁路线路

铁路线路是机车车辆运行的基础。线路质量的好坏,对于提高运输能力,保证行车安全具有重要意义。

铁路线路根据其用途分为正线、站线、段管线、岔线及特别用途线。

1. 正线是指连接车站并贯穿或直股伸入车站的线路(图 5-1)。正线上不准停留车辆。

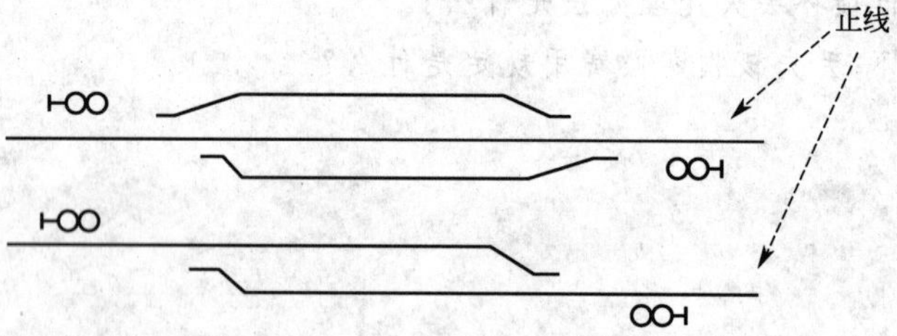

图 5-1　车站正线示意图

2. 站线包括车站到发线、调车线、牵出线、货物线及站内指定用途的其他线路。站内指定用途的其他线路包括:救援列车停留线、机车走行线、机待线、禁止溜放车辆停留线、轨道衡线及车辆站修线等。

3. 段管线是指机务、车辆、工务、电务、供电等段专用并由其管理的线路。

4. 岔线是指在区间或站内接轨,通向路内外单位的专用线路。

5. 特别用途线指安全线和避难线。

岔线、段管线与正线、到发线接轨时,均应铺设安全线。岔线与站内到发线接轨,当站内有平行进路及隔开道岔并有连锁装置时,可不设安全线。

在进站信号机外制动距离内进站方向为超过 6‰下坡道的车站,应在正线或到发线的接车方向末端设置安全线。

合资铁路、地方铁路及专用铁路与国家铁路车站接轨,其接轨处或接车末端应设隔开设备(设有平行进路并有联锁时除外)。

安全线向车挡方向不应采用下坡道,其有效长度一般不少于 50 m。

为防止长下坡道上失去控制的列车发生冲突或颠覆,应根据线路情况,计算确定在区间或站内设置避难线。

二、铁路限界

我国现行的铁路限界包括铁路的建筑限界和机车车辆限界。在实际应用中还有《铁路货物装载加固规则》(简称《加规》)规定的货物装载限界和特定区段装载限制。各种限界都是衡量铁路货物运输中能否保证安全的尺子,均应按照其规定严格遵守。

1. 铁路建筑限界

《铁路技术管理规程》规定:一切建筑物、设备,在任何情况下均不得侵入铁路的建筑限界(以客货共线铁路建筑限界 $v \leqslant 160$ km/h 时的基本建筑限界图为例,如图 5-2 所示)。除与机车车辆有直接互相作用的设备,在使用中不得超过规定的侵入范围。

在设计建筑物或设备时,距钢轨顶面的距离应附加钢轨顶面标高可能的变动量(路基沉落、加厚道床、更换重轨等)。

靠近铁路线路修建各种建筑物及电线路时,须经铁路局批准。

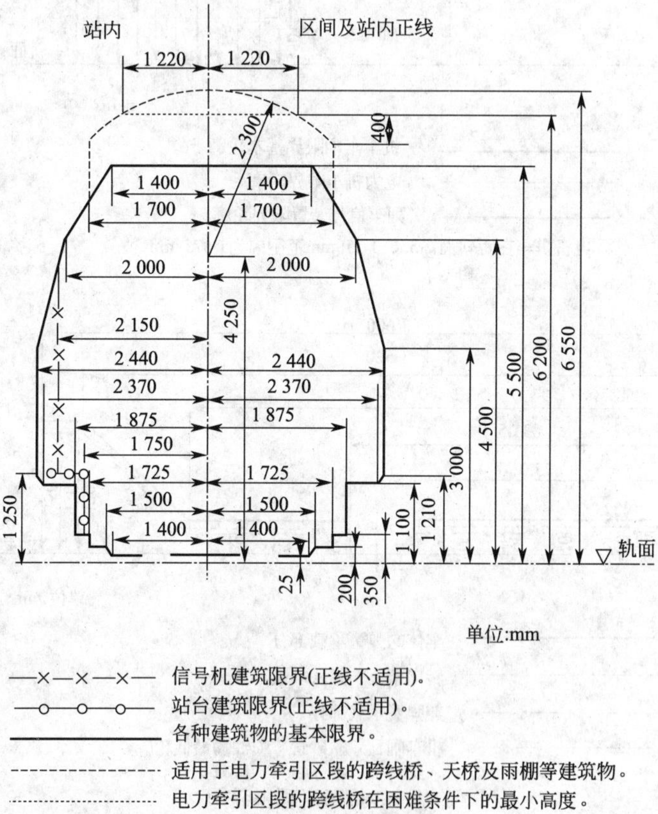

图 5-2 基本建筑限界

2. 机车车辆限界

机车车辆无论空、重状态,均不得超出机车车辆限界。

现行《铁路技术管理规程》中公布执行的机车车辆限界($v<200$ km/h)如图 5-3 所示。

3. 货物装载限界

《铁路货物装载加固规则》规定:货物的装载高度、宽度和计算宽度,除超限货物外,不得超

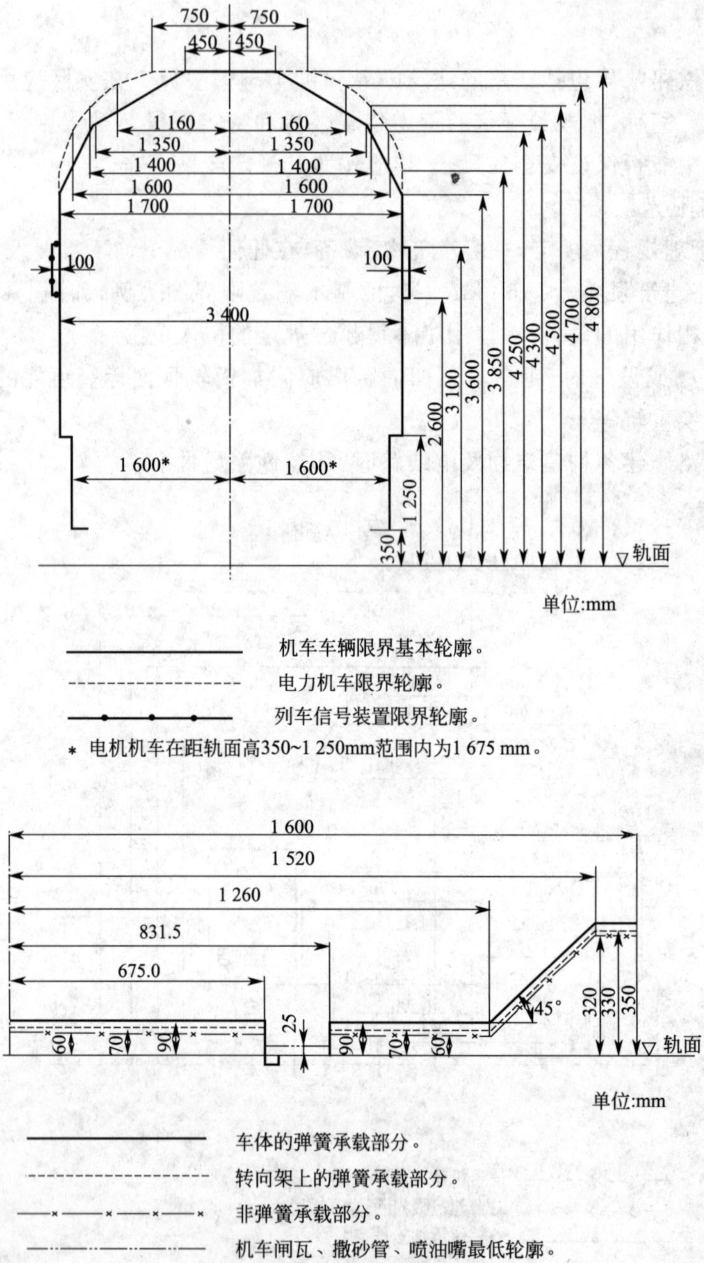

图 5-3 机车车辆限界图

过货物装载限界如图 5-4 所示。

货物装载限界中,斜坡面部位的高、宽尺寸的速算方法如下:

(1)高度在 4 300～4 800 mm 部位法则为:

一侧宽度＝(5 050－装载高度)×1.8

＝(5 050－装载高度)×2－(5 050－装载高度)×0.2

即 5 050 mm 与装载高度之差的 2 倍减去其差的 1/5。

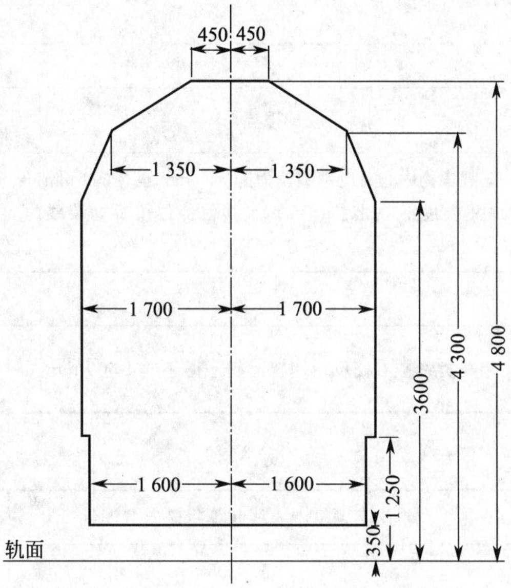

图 5-4 货物装载限界

例:求高度 4 700 mm 处的一侧限界宽度。

解:(5 050－4 700)×1.8 =(5 050－4 700)×2－(5 050－4 700)×0.2

=350×2－350×0.2=700－70=630(mm)

(2)高度在 3 600～4 300 mm 部位法则为:

高度加全宽等于常数:7 000 mm。

例:求高度 4 000 mm 处的一侧限界宽度。

解:全宽=7 000－高度=7 000－4 000=3 000(mm)

即一侧宽度=3 000÷2=1 500(mm)

例:求一侧宽度为 1 450mm 处的限界高度。

解:全宽－2×一侧宽度=2×1 4 5 0=2 900(mm)

高度=7 000－全宽=7 000－2 900=4 100(mm)

4. 特定区段装载限制

我国铁路有个别区段的建筑限界小于《铁路技术管理规程》所规定的建筑限界,为保证货物和行车的安全,对通过或到达这些特定区段的货物,应严格遵守《铁路货物装载加固规则》中公布的"特定区段装载限制"见表 5-1。

表 5-1 特定区段装载限制

序号	线名	区段	限制事项		附记
			装载限界	车体自重加实际载重最大吨数	
1	京包线	南口—西拨子间	装载货物高度和宽度按下附表 1 规定		
2		运往朝鲜的货物	按货物装载限界装载,但最高不得超过 4 750 mm		

续上表

序号	线名	区段	限制事项		附记
			装载限界	车体自重加实际载重最大吨数(t)	
3	广九线	经深圳北运往九龙的货物	装载货物中心高度由钢轨面起 360 mm 至 3 600 mm 处左右宽度不得超过 1 550 mm,其他部位按货物装载限界		
4	京广线	坪木线		90	坪石站出岔
5	丰沙线	沙城—三家店间上行线	装载货物中心高度由钢轨面起不得超过 4 600 mm		

表 5-1 附表

由钢轨面起算的高度(mm)	由车辆纵中心线起算每侧的宽度(mm)	全部宽度(mm)
4 300	1 050	2 100
4 200	1 150	2 300
4 100	1 250	2 500
4 000	1 350	2 700
3 900	1 450	2 900
1 250 以上至 3 600	1 600	3 200

第二节 货车篷布实车试验

一、货车篷布实车试验概述

从 2005 年 4 月到 2008 年 4 月铁道部共进行了 6 次货车篷布实车试验,经过大量的试验、总结和改进,推出了新型 D 型篷布,并对新型篷布拴结点的分布和拴结方式进行了改进,取得了良好的效果,同时制定了一系列的篷布运营和管理规定。

二、各次试验概况及结论

(一)京秦交会试验

1. 试验概况

2005 年 4 月 17 日至 4 月 19 日,"长白山"号动车组与 DF_{11G} 型机车牵引的货物列车共进行了 10 次交会试验,动车组运行速度为 200 km/h,货物列车的运行速度分别为 80 km/h、100 km/h、120 km/h。

2. 试验目的

本次实验的目的是从空气动力学角度,检验 4.4 m 线间距情况下,200 km/h 动车组与提速货物列车交会时动车组和货物列车运行安全性。

3. 测试内容

(1)篷布气动力测量

为测量敞车正常运行和交会时篷布和绳索受到的气动力，D 型篷布的上、下表面共布置了 41 个稳态压力测点和 12 个瞬态压力测点，小张篷布的上、下表面共布置了 43 个稳态压力测点和 10 个瞬态压力测点，分别用来测试篷布在正常运行(非交会)和交会时，篷布受到的气动力。

(2)篷布绳索、网绳拉力测量

通过在篷布绳索和网绳中间安装动态拉力传感器，分别对无绳网 D 型篷布、有绳网 D 型篷布、无绳网小张篷布和有绳网小张篷布 4 种工况共 4 辆敞车进行测试，共布有 27 个测点。

4. 主要结论

(1)货车在正常运行情况(非交会)下，D 型篷布受到的稳态气动升力为 896 N，小张篷布受到的稳态气动升力为 541 N。小张篷布最大应力略大于 D 型篷布，两者分别为 1.903 MPa 和 2.027 MPa，均小于《铁路货车用化纤涂塑篷布供货技术条件》(TB/T 1941—1999)中规定的许用应力值 47 MPa。

(2)货物列车以 120 km/h 速度与“长白山”号动车组 200 km/h 交会时，无网 D 型篷布最大应力为 9.38 MPa，小于无网小张的最大应力 9.64 MPa，均小于其许用应力值。

(3)货物列车以 120 km/h 速度与“长白山”号动车组 200 km/h 交会时，篷布端绳最大拉力为 740 N，边绳最大拉力为 455 N，均小于《铁路货车用化纤涂塑篷布供货技术条件》(TB/T 1941—1999)中规定的篷布绳索断裂负荷 8 400 N。

(4)无论 D 型还是小张篷布，带绳网篷布绳索受到的拉力小于无绳网绳索，说明有绳网篷布受力优于无绳网篷布。

(二)胶济线 200 km/h 等级交会试验

1. 试验概况

2006 年 7 月 20 日到 7 月 21 日，CRH_2 型动车组与 SS_7 电力机车牵引的货物列车共进行了 10 次交会试验，动车组运行速度为 200 km/h，货物列车的运行速度分别为 80 km/h、100 km/h、120 km/h。

2. 试验目的

(1)测定苫盖小张篷布的货车与动车组不同速度交会时，篷布、篷布绳索和篷布绳网受到的气动力，为货物列车运行安全评估提供依据。

(2)测定苫盖 D 型篷布的货车与动车组不同速度交会时，篷布、篷布绳索和篷布绳网受到的气动力，为货物列车运行安全评估及制定 D 型篷布和篷布绳网技术条件提供依据。

3. 试验内容

(1)篷布气动力测量

为测量敞车正常运行和交会时篷布和绳索受到的气动力，分别对无绳网、超车帮大于 1 m 的 D 型篷布和无绳网、超车帮大于 1 m 的小张篷布进行测量，D 型篷布的上、下表面共布置了 28 个瞬态压力测点，小张篷布的上、下表面共布置了 20 个瞬态压力测点。

(2)篷布绳索、网绳拉力测量

对敞车不同装载方案下的 D 型篷布、小张篷布在有绳网和无绳网情况下的 12 辆车进行测试，一共布置有 196 个测点。

4. 主要结论

(1)本次试验测得的绳索最大值为 1 055 N，出现在动车组 210 km/h 与货车 118 km/h 交会时无网小张篷布的角绳上(58 号测点)，《铁路货车用化纤涂塑篷布供货技术条件》(TB/T 1941—1999)规定：篷布用绳抗拉的技术性能指标为 8 400 N。篷布维修规章中规定更换用的篷布绳索技术指标为 3 000 N。本次试验测量出的篷布绳索最大拉力均小于上述两技术指标。

(2)没苫盖篷布绳网时，无论是小张篷布还是 D 型篷布，篷布兜风现象均较为严重，尤其是车体端部和篷布搭接口处篷布绳索松弛现象比较明显，所以绳索拉力最大值测点大部分出现在端部测点和搭接在上面的小张篷布在逆风时的角绳位置，如图 5-5 所示。

(a) 无网D型篷布背风端状态

(b) 无网D型篷布迎风端状态

(c) 无网小张篷布背风端状态

(d) 无网小张篷布迎风端状态

图 5-5 货车运行和交会过程中篷布端部状态

(3)对一车苫盖两张篷布的小张篷布而言，篷布逆向压缝篷布绳索受到的气动力明显大于顺向压缝，无篷布绳网时同等速度下逆向压缝篷布绳索气动力比顺向压缝大 40%以上。

(4)当小张篷布为顺向压缝时，篷布绳索受到的气动力比 D 型篷布小约 20%；当小张篷布为逆向压缝时，篷布绳索受到的气动力比 D 型篷布大约 30%。

(5)从本次试验结果来看，篷布绳网在降低篷布绳索气动力中发挥了重要作用，大部分工况下无绳网篷布绳索受到的气动力比有网情况大 50%～80%。

(6)有网或无网情况下，不论是 D 型篷布还是小张篷布，货物不超车帮时，由于敞车内部是用篷布支架架空，兜风现象严重，所以绳索受到的气动力比其他两种情况要大。对本次试验测试结果来看，无网D型(或小张)篷布苫盖3种不同装载高度货物时，绳索拉力均值顺序为：不超车帮＞超车帮大于1 m＞超车帮小于1 m，超车帮大于1 m的27(或23)号敞车两端是空平车，所以兜风现象比超车帮小于1 m的32(或18)号敞车严重，从而绳索受到的气动力较大。而对于有网D型(或小张)篷布，除了不超车帮较大外，其他两种超车帮小于1 m的情况相差不大，一端有空平车的敞车29(或21)的绳索气动力比两端均有较高车辆遮挡的敞车33(或17)稍大。

(三) 胶济线250 km/h等级交会试验

1. 试验概况

2006年12月7日到12月8日，CRH_2型动车组与货物列车共进行了20次交会试验，动车组运行速度为220 km/h和250 km/h，货物列车的运行速度分别为80 km/h、100 km/h、120 km/h。

2. 试验目的

为解决目前一车苫盖两张货车篷布存在的诸多问题，铁道部已研制出铁路货车运输使用的新型篷布，根据前一阶段(2006年7月)CRH_2与货物列车交会试验测试结果，对篷布拴结方式进行了技术改进，通过本次试验对采取的措施进行实车检验。针对现有小张篷布和将要使用的D型篷布，通过本次试验将达到以下目的：

(1)测定苫盖小张篷布的货车与动车组不同速度交会时，篷布、篷布绳索和篷布绳网受到的气动力，为货物列车运行安全评估提供依据。

(2)测定苫盖D型篷布的货车与动车组不同速度交会时，篷布、篷布绳索和篷布绳网受到的气动力，为货物列车运行安全评估及制定D型篷布和篷布绳网技术条件提供依据。

3. 测试内容

测量篷布绳索、网绳拉力。对敞车不同装载方案下的D型篷布、小张篷布在有绳网和无绳网情况下的12辆车进行测试，一共布置有202个测点。

4. 主要结论

(1)采用D型篷布苫盖时，篷布用绳索受到的最大拉力为1 214 N；采用小张篷布苫盖时，篷布用绳索受到的最大拉力为1 366 N，均小于篷布维修规章中规定更换用的篷布绳索技术指标3 000 N和篷布用绳抗拉的技术性能指标8 400 N。

(2)将本次试验与2006年7月CRH_2动车组以200 km/h速度等级与提速货车交会的试验结果进行比较，前次试验D型篷布端部兜风严重，端部绳索受力较大。针对试验中出现的问题，本次试验前对D型篷布拴结点的分布及篷布拴结方式进行了改进，尤其是篷布端部。从本次试验情况可以看出，当列车正常运行和交会时，篷布端部的兜风现象得到明显改善，D型篷布绳索气动力最大值不再出现在篷布端部位置，大部分出现在篷布中部和车号附近(为不遮盖车号，在车号位置将篷布卷起)。

两次不同拴结方式端部兜风情况比较如图5-6所示。

(3)对一车苫盖两张篷布的现有篷布而言，篷布逆向压缝篷布绳索受到的气动力明显大于顺向压缝，无篷布绳网时同等速度下逆向压缝篷布绳索气动力比顺向压缝最大大40%。

(4)有网或无网情况下，不论是D型篷布还是小张篷布，货物不超车帮时，由于敞车内部

(a) 上次试验背风状态端部兜风情况

(b) 上次试验迎风状态端部兜风情况

(c) 本次试验背风状态端部兜风情况

(d) 本次试验迎风状态端部兜风情况

图 5-6　两次不同拴结方式端部兜风情况比较

是用篷布支架架空，兜风现象严重，所以绳索受到的气动力比其他两种情况要大。从本次和上次试验测试结果来看，现有篷布苫盖 3 种不同装载高度货物时，绳索拉力均值顺序为：不超车帮＞超车帮大于 1 m＞超车帮小于 1 m。对于 D 型篷布，超车帮小于 1 m 的 25 号敞车两端是空平车，所以兜风现象比超车帮小于 1 m 的 28 号敞车严重，从而绳索受到的气动力较大。

(5)从本次试验结果来看，篷布绳网在降低篷布绳索气动力中发挥了重要作用，大部分工况下无绳网篷布绳索受到的气动力比有网情况大 20%～40%。

(四)遂渝线货物列车过隧道试验

1. 试验概况

2007 年 1 月 8 日到 1 月 9 日，本次试验货物列车编组为 2 台 SS_{7E} 电力机车牵引 17 辆轴重为 23 t 的 C_{70} 重车(其中有 4 辆不同加固方式的篷布敞车)、3 辆轴重 25 t 的 C_{80} 重车，1 辆空平车、1 辆自发电客车和 1 辆试验车，牵引质量约 2 000 t，试验速度分别为 80 km/h、90 km/h、100 km/h、110 km/h、120 km/h 和 130 km/h。

2. 试验目的

测定货物列车过隧道时敞车篷布绳索、篷布绳网拉力。

3. 试验内容

货物列车分别以 80 km/h、90 km/h、100 km/h、110 km/h 和 120 km/h 速度通过沿线隧

道时，进行篷布绳索、篷布绳网拉力测量。敞车不同装载方案下的 D 型篷布、小张篷布在有网和无网情况下总共 4 辆车进行测试。一共布置有 144 个测点。

4. 主要结论

（1）采用 D 型篷布苫盖时，篷布用绳索受到的最大拉力为 609 N；采用小张篷布苫盖时，篷布用绳索受到的最大拉力为 722 N，均小于篷布维修规章中规定更换用的篷布绳索技术指标 3 000 N 和篷布用绳抗拉的技术性能指标为 8 400 N。

（2）D 型篷布拴结点的分布及篷布拴结方式进行改进后，篷布端部的兜风现象得到明显改善，如图 5-7 所示，D 型篷布绳索气动力最大值不再出现在篷布端部位置，大部分出现在篷布中部和车号附近（为不遮盖车号，在车号位置将篷布卷起），特别是车号位置折叠卷起的篷布在运行过程中松开后，篷布晃动非常明显，如图 5-8 所示，建议对车号位置的篷布拴结方式进行仔细研究。

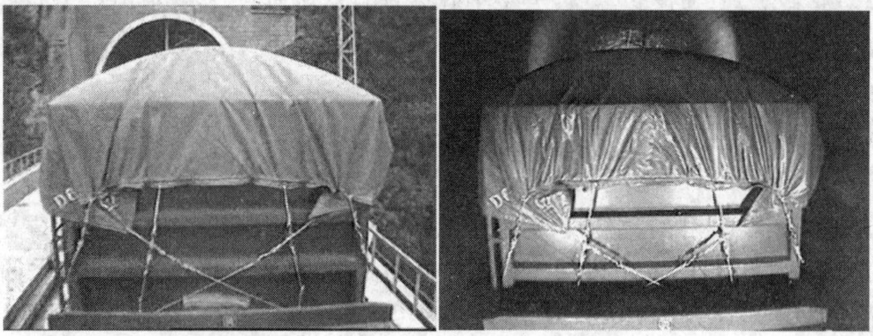

(a) 进隧道　　(b) 隧道内

图 5-7　D 型篷布端部兜风情况

(a) 绳索拉紧　　(b) 绳索松开

图 5-8　车号位置篷布兜风情况

（3）由于敞车内部是用篷布支架架空，D 型篷布兜风现象比现有小张篷布严重，其篷布绳索拉力平均值比小张篷布大。

(4)篷布绳网在降低篷布绳索气动力中发挥了重要作用，本次试验大部分工况下有网篷布绳索受到的平均气动力比无绳网篷布小20%～60%。

(5)货物列车上、下行时，篷布绳索拉力差别很大，主要是由于货物列车下行时，无网D型篷布车辆前端有一辆空平车，兜风严重，从而使无网D型篷布绳索拉力下行时远大于上行时篷布绳索拉力，而离空平车较远的有网D型篷布在上、下行时，绳索拉力差别减小；对于现有小张篷布而言，篷布绳索拉力在货物列车下行时大于上行，这主要是由于篷布逆向压缝引起的。

(6)从列车运行时篷布摄像监控画面可知，无网篷布迎风面端部两侧晃动较大，背风面兜风程度较大；有网篷布与无网篷布相比，无论是迎风还是背风面，其晃动或兜风程度均小于无网篷布；有网篷布顶部在隧道内起伏较小，与隧道外差异不大；而无网篷布顶部在隧道内起伏较大，速度高时起伏明显加大，与隧道外差异明显；无网现有篷布端部在速度较低时(小于90 km/h)仅有轻微晃动，速度较高时(大于100 km/h)晃动加剧，在隧道内更为明显。

(五) 新疆大风环境下货车篷布气动力试验

1. 试验概况

铁道部于2008年4月20日和4月28日在南疆线进行了“大风环境下货车篷布气动力综合试验”。

4月20日第一次试验内容主要包括篷布绳索、网绳拉力和篷布应力测试。第一次试验进行了一个往返测试，从吐鲁番出发至望布，再从望布返回至吐鲁番，期间最大瞬时风速为22.1 m/s，最大平均风速为21.9 m/s。

4月28日第二次试验对篷布绳索、网绳拉力和篷布应力进行测试。第二次试验进行了两个往返测试，第一个往返从吐鲁番出发至望布，再从望布返回至吐鲁番，期间最大瞬时风速为28.0 m/s，最大平均风速为27.4 m/s；第二个往返从吐鲁番出发至珍珠泉，再从珍珠泉返回至吐鲁番，期间最大瞬时风速为37.1 m/s，最大平均风速为32.7 m/s。

2. 试验目的

考核篷布、篷布绳索及篷布绳网大风环境下运行安全性，为提出篷布安全运输条件，制定篷布、篷布绳索、篷布绳网相关标准提供依据。

3. 测试内容

(1)测试苫盖篷布的货车通过大风地区时，篷布、篷布绳索和篷布绳网受到的气动力。

(2)篷布应力(主要是篷布绳索和篷布连接点处)。

(3)篷布、篷布绳索和篷布绳网运行状态图像监控。

(4)环境风风速、风向。

4. 主要结论

(1)4月20日试验主要结论

① 大风环境下D型篷布和X型篷布最大绳索拉力分别为956 N和979 N，整个测试过程中，绳索最大拉力值为979 N。

② 有网或无网情况下，不论是D型篷布还是X型篷布，货物不超车帮时，由于敞车内部是用篷布支架架空，兜风现象严重，所以苫盖的篷布绳索受到的气动力比货物超出车帮小于1 m时苫盖篷布绳索受到的气动力要大10%～20%。

③ 篷布绳网在降低篷布绳索气动力中发挥了重要作用。本次试验证明了无绳网篷布绳

索受到的气动力比有网情况大 30％～40％。

④ 本次试验测试的结果在同一地点(铁泉西，K33＋640)的测得，其中，望布返回吐鲁番经由测点的平均风速为 19.3 m/s，吐鲁番开往望布经由测点的平均风速为 21.9 m/s。试验车辆苫盖 D 型篷布(不超车帮)加有乌局的防风网，另有试验车辆苫盖 X 型篷布，未加盖有防风网。通过测试发现，未加盖防风网的敞车篷布绳索承受拉力比加盖防风网的敞车篷布绳索承受拉力大约 10％～46％，可见防风网能使篷布绳索拉力减小 30％～40％。

⑤ 本次测试过程中，篷布最大应力为 13.28 MPa。

(2)4 月 28 日试验结论

①整个测试过程中，绳索最大拉力值为 2 420 N。

②大风环境下 D 型篷布和 X 型篷布最大绳索拉力分别为 2 224 N 和 2 420 N 篷布，远大于非大风环境下篷布绳索受到的拉力。货物列车以 120 km/h 过隧道时(2007 年 1 月份遂渝线无碴轨道试验)，D 型篷布和 X 型篷布最大绳索拉力分别为 609 N 和 722 N；货车以120 km/h与 CRH_2 动车组 250 km/h 速度交会时(2006 年 11 月胶济线试验)，D 型篷布和 X 型篷布绳索受到的最大拉力分别为 1 214 N 和 1 366 N；货车以 120 km/h 与 CRH_2 动车组 200～210 km/h 速度交会时(2006 年 7 月胶济线试验)，D 型篷布和 X 型篷布绳索受到的最大拉力分别为 804 N 和 1 055 N。

③绳索拉力随着风速的增加迅速增大，绳索拉力约与风速的平方成正比，如图 5-9 所示。

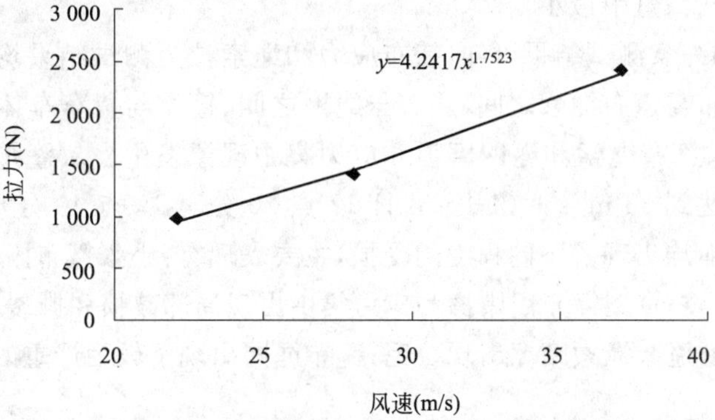

图 5-9 绳索拉力随风速变化曲线

④有网或无网情况下，不论是 D 型篷布还是 X 型篷布，货物不超车帮时，由于敞车内部是用篷布支架架空，兜风现象严重，所以苫盖的篷布绳索受到的气动力比货物超出车帮小于 1 m 时苫盖篷布绳索受到的气动力要大 10％～20％。

⑤篷布绳网在降低篷布绳索气动力中发挥了重要作用，本次试验中，无绳网篷布绳索受到的气动力比有网情况大 30％～40％。

⑥路况对篷布绳索、网绳拉力影响很大，在测试中发现篷布绳索在路堤上且无挡风墙时承受的拉力最大，在路堑中最小。

⑦本次测试过程中，篷布最大应力为 21.03 MPa。

(3)试验综合结论

①大风环境下，D 型篷布和 X 型篷布最大绳索拉力分别为 2 224 N(4 月 28 日第二次试验，列车速度 11 km/h，瞬时风速 37.1 m/s，平均风速 32.7 m/s，桥梁，透风式挡风墙)和 2 420 N(4 月 28 日第二次试验，列车速度 64 km/h，瞬时风速 35.7 m/s，平均风速 31.5 m/s，

路堤，无挡风墙），远大于非大风环境下篷布绳索受到的拉力。如货物列车以 120 km/h 过隧道时（2007 年 1 月份遂渝线无碴轨道试验），D 型篷布和 X 型篷布最大绳索拉力分别为 609 N 和 722 N；货车以 120 km/h 与 CRH_2 动车组 250 km/h 速度交会时（2006 年 11 月胶济线试验），D 型篷布和 X 型篷布绳索受到的最大拉力分别为 1 214 N 和 1 366 N；货车以 120 km/h 与 CRH_2 动车组 200～210 km/h 速度交会时（2006 年 7 月胶济线试验），D 型篷布和 X 型篷布绳索受到的最大拉力分别为 804 N 和 1 055 N。

②有网或无网情况下，不论是 D 型篷布还是 X 型篷布，货物不超车帮时，由于敞车内部是用篷布支架架空，兜风现象严重，所以苫盖的篷布绳索受到的气动力比货物超出车帮小于 1 m 时苫盖篷布绳索受到的气动力要大 10%～20%。

③背风面绳索拉力大于迎风面绳索拉力。

④篷布绳网在降低篷布绳索气动力中发挥了重要作用，本次试验中，无绳网篷布绳索受到的气动力比有网情况大 30%～40%。

⑤篷布上加防风网后，篷布绳索拉力减小 30%～40%，4 月 20 日在有网 X 型篷布、不超车帮条件下，进行了篷布不加防风网和加防风网的对比试验。

⑥绳索拉力随着风速的增加迅速增大，绳索拉力约与风速的平方成正比。

⑦路况对篷布绳索、网绳拉力影响很大，在 4 月 28 日的测试中，绳索在路堤上且无挡风墙时承受的拉力最大，在路堑中最小。

⑧从篷布应力和绳索测试结果可知，篷布应力和绳索拉力测试结果均小于许用值。在大风作用的条件下，篷布与篷布绳索之间、篷布与绳网之间、篷布与货车车体零部件之间的相对运动剧烈，导致篷布、篷布绳索和绳网磨损和应力集中现象发生。从篷布和绳索受损情况可知，当最大平均风速达到 32 m/s 时（4 月 28 日 17 点 20 分至 19 点 40 分），无论 D 型、X 型篷布还是篷布绳索、网绳均出现了不同程度的受损，主要表现有：小张篷布撕裂情况较为严重，篷布搭接处兜风现象严重；D 型篷布因摩擦和应力集中出现局部破损和撕裂现象；D 型篷布眼圈有被拉脱的现象；D 型篷布绳索摩擦出现拉毛；篷布绳网出现了较为严重的断裂。

5. 试验照片

图 5-10～图 5-22 为试验时篷布在不同情况下照片。

图 5-10　拉力测点

图 5-11　应力测点

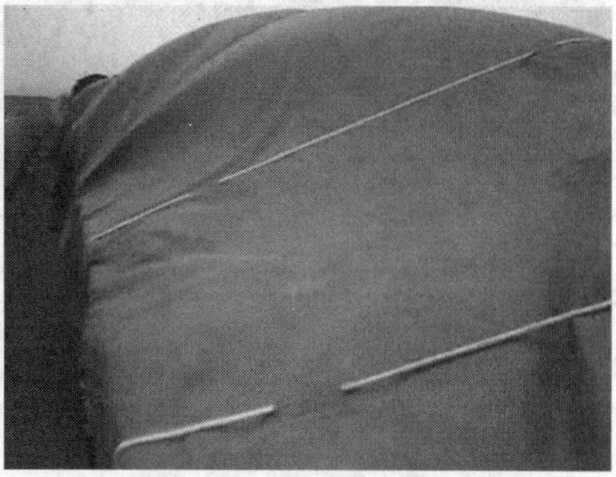

图 5-12　无网 D 型篷布录像截图

注：白杨河，车速 37 km/h，瞬时风速 17.6 m/s，平均风速 4 m/s。

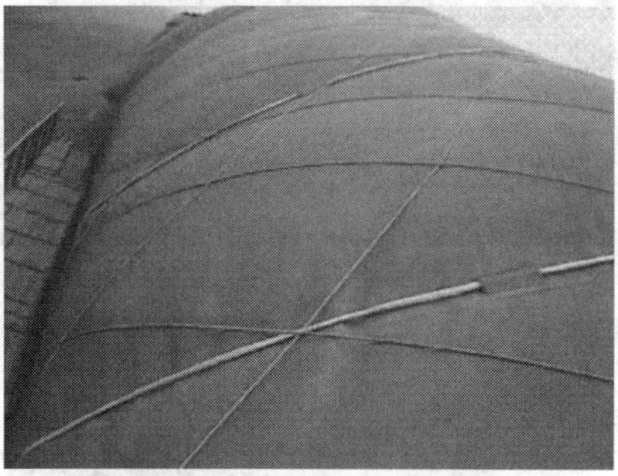

图 5-13　有网 D 型篷布录像截图

注：铁泉西 2，车速 11 km/h，瞬时风速 37.1 m/s，平均风速 32.7 m/s。

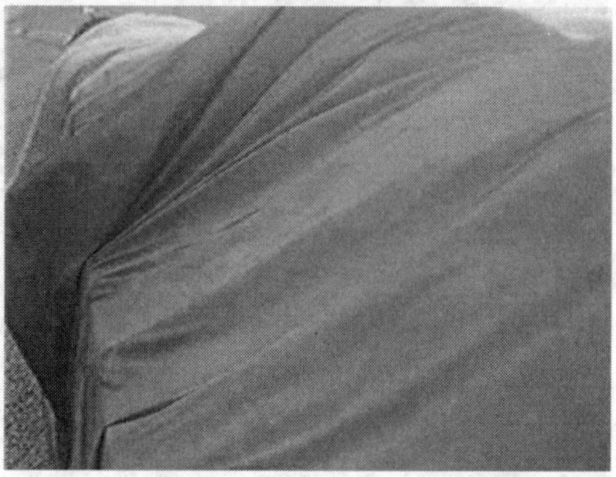

图 5-14　无网 X 型篷布录像截图

注：铁泉西 2，车速 11 km/h，瞬时风速 37.1 m/s，平均风速 32.7 m/s。

图 5-15　撕裂的 X 型篷布

图 5-16　撕裂的 X 型篷布

图 5-17 断裂的腰绳

图 5-18 无网 D 型篷布上腰绳的磨痕

图 5-19 有网 D 型篷布上腰绳的磨痕

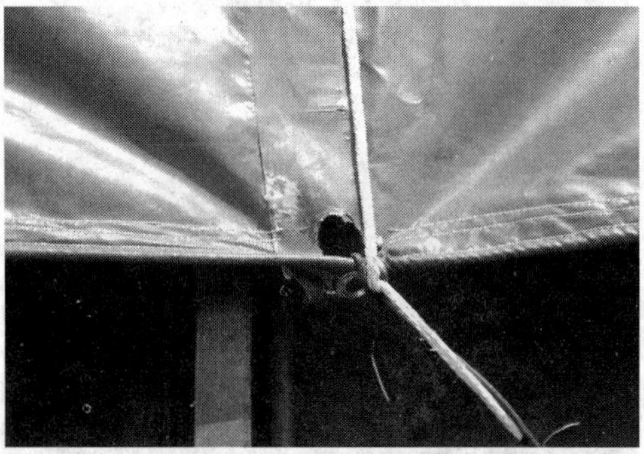

图 5-20 撕裂的网眼

图 5-21 大风后弹力绳状态

图 5-22 大风后普通绳状态

第三节 货 运 事 故

一、货运事故定义

1.《铁路货运事故处理规则》第二章第五条规定:货物在铁路运输过程中(含交付完毕后点回保管)发生灭失、短少、变质污染、损坏以及严重的办理差错,在铁路内部均属于货运事故。

货运事故分类。

2. 货运事故分为7类。

(1)火灾；

(2)被盗(有被盗痕迹)；

(3)丢失(全批未到或部分短少,没有被盗痕迹的)；

(4)损坏(破裂、变形、磨伤、摔损、部件破损、湿损、漏失)；

(5)变质(腐烂、植物枯死、活动物非中毒死死亡)；

(6)污染(污损、染毒、活动物中毒死亡)；

(7)其他(整车、整零车、集装箱车的票货分离和误运送、误交付、误编、伪编记录以及其他造成影响而不属于以上各类的事故)。

3. 正确理解"货运事故"的定义,重点要把握"铁路运输过程中"的含义。《中华人民共和国铁路法》第十七条规定:"铁路运输企业应当对承运的货物、包裹、行李自接受承运时起到交付时止发生的灭失、短少、变质、污染或者损坏,承担赔偿责任"。《铁路货物运输规程》第49条规定:"货物在铁路运输过程中(包括承运前保管和交付完毕后点回保管)发生的货损、货差、有货无票、有票无货或其他情况需要证明铁路同托运人或收货人间责任时,都应当在当日按批编制货运记录"。第20条规定:"实行承运前保管的车站,对托运人已全批搬入车站的整车货物,从接收完了时起,负承运前保管责任"。综上所述,"铁路运输过程中"的涵义是指铁路对所承运的货物自接受承运时起到交付时止的全过程(含铁路自承运前保管和交付完毕后点回保管),在这个过程中发生的事故都属于货运事故,都要按货运事故处理有关程序去调查处理。

在统计货运事故时,货运事故的定义应从两个方面去掌握。一是货物发生损失在2 000元及以上的,既要统计事故件数也要统计责任赔偿件数和事故赔款;货物损失不足2 000元的,只统计责任赔偿件数和事故赔款,不统计事故件数。二是未发生货物损失,属严重办理差错,指整车、整零车、集装箱车的票货分离和误运送、误交付、误编、伪编记录以及其他造成影响的事故,也要统计货运事故件数。

二、货运事故等级

货运事故分为三等。

1. 重大事故

(1)由于货物染毒或危险货物发生事故,造成人员死亡3人或死亡重伤合计5人以上的。

(2)货物损失及其他直接损失(以下同)款额30万元以上的。

2. 大事故

(1)由于货物染毒或危险货物发生事故,造成人员死亡不足3人或重伤2人以上的。

(2)损失款额10万元以上未满30万元的。

3. 一般事故

(1)未构成重大、大事故的人员重伤事故。

(2)损失款额在2 000元以上未满10万元的。

对于事故等级中的人员死亡或重伤需要强调的是,只有因货物染毒或危险货物发生事故造成人员死亡或重伤才按货运事故统计,并按规定确定事故等级,其他原因造成的人员死亡或重伤不按货运事故统计。

《铁路货运事故处理规则》第七条还规定:铁路运输过程中(含交付完毕后点回保管)发生货运事故的7类情况,但未构成货运事故条件的货损货差,其管理办法由铁路局制定。

三、货运记录

货物在运输过程中,发生货损、货差、有货无票、有票无货或其他情况,需要证明承运人同托运人或收货人之间责任和铁路内部之间责任时,发现车站当日按批(车)所编制的记录。

货运记录(《铁路货物运输规程》格式十)和普通记录(《铁路货物运输规程》格式十一)分为带号码与不带号码两种。带号码的货运记录每组一式三页,第一页为编制站存查页,第二页为调查页,第三页为货主页;带号码的普通记录每组一式两页,第一页为编制单位存查页,第二页为交给接方(包括收货人)的证明页。货运记录和普通记录号码均由铁路局编印掌握。不带号码的货运记录和普通记录只限作抄件或货运员发现事故时报告用。

货运记录和普通记录用纸均应建立请领、发放、使用制度。

第四节　篷布质量安全管理

《铁路运输安全保护条例》第四十条规定:“用于铁路运输的安全防护设施、设备、集装箱和集装化用具等运输器具,篷布、装载加固材料或装置、运输包装以及货物装载加固,应当符合国家有关技术标准和规范”。该规定明确要求并强调了上述产品要加强安全监督管理,这是保证铁路运输安全的重要条件。

对于篷布及其相关产品,由于涉及生产厂商多,市场化程度也比较高,应通过有效的监督机制,确保产品质量,使其符合国家有关技术标准和规范,确保运输安全。

对于篷布质量管理,《货车篷布管理规则》是怎样规定的?我们在日常工作中要注意些什么呢?

《货车篷布管理规则》规定:

第14条　发站使用篷布前,应逐张检查质量。使用铁路篷布时,将篷布号码填记在货物运单“铁路货车篷布号码”栏内;使用自备篷布时,应在货物运单“铁路货车篷布号码”栏内划“×”符号,并检查托运人是否在货物运单“托运人记载事项”栏内注明“自备篷布×张”和号码。

专用铁路、铁路专用线使用铁路篷布时,由托运人凭车站填制的“货车篷布交接单”(附件6)到车站领取。

制票时,应根据货物运单将铁路篷布号码填制在货票、货运票据封套篷布号码栏内;自备篷布张数和号码填记在“记事”栏内。

第19条　卸车时,应检查铁路篷布质量;卸车后,将铁路篷布送到车站指定地点,车站检查发现铁路篷布破损、缺少篷布绳时,应填制“货车篷布交接单”,按《铁路篷布损坏丢失处理办法》办理。

第38条　篷布的质量由产权单位负责,必须符合铁道部有关标准和技术条件。铁路局和公司要加强对篷布及篷布维修质量的监督检查。

第39条　托运人购置自备篷布应向装车站提出书面申请,逐级报送铁道部运输局,符合要求后，托运人与篷布生产单位签订购销合同。

第 40 条 新造篷布上路使用前，应经国家技术监督部门认可的检验机构进行产品质量抽检，合格后方可投入使用。检验机构必须对新造产品的检验质量负责。

第 45 条 自备篷布的修理由产权单位负责，应严格执行篷布维修标准，确保自备篷布维修质量。

第 46 条 修竣铁路篷布应粘贴"篷布维修合格证"(《货车篷布管理规则》附件 8)，并按张数、号码与车站办理交接。车站发现质量问题，严禁上路使用，并及时向公司和铁路局反映，由公司追究责任。

第 47 条 篷布使用年限暂定为 3 年。使用满 3 年或未满 3 年但修补面积达 40%或修补处 200 处的篷布，必须报废。

第 49 条 铁道部未公布编号的篷布或达到报废年限、符合报废条件的篷布不得上路使用。

复习思考题

1. 货运事故是怎样定义和分类的？
2. 篷布质量安全管理有何规定？

第六章　货车篷布管理

第一节　篷 布 调 度

一、全路篷布调度日常工作

铁道部、铁路局应设篷布调度员。各级篷布调度员必须严格执行调度纪律，坚持保证重点和先回送后使用的原则，积极组织，及时回送，提高篷布运用效率，按时完成篷布回送任务和各项运用指标，保证运输生产需要。

全路篷布调度分三级：铁道部篷布调度、铁路局篷布调度和车站篷布调度（主要是大站篷布管理人员）。

1. 铁道部篷布调度工作主要是按年下达的全路篷布运用指标：全路篷布保有量（现在数）的平衡每旬进行调整（还要分析各局近期篷布使用情况）。

2. 临时调整：在全路或者局管内篷布使用发生应急变化，按旬调整不能满足装车需求时进行的调整。

例：北京铁路局是篷布到大于发相差比较多的局，每旬都要往哈、沈两局回送（北京铁路局管内篷布分布也不均衡），如德州站某一时期使用量大，旬前北京铁路局也将后旬铁道部下达的回送外局任务已下达各回送装车站，北京铁路局也可临时在局管内调整到德州站一定数量的篷布。铁道部也可在临近德州站的济南铁路局管内就近篷布较多的车站调往德州。

3. 货车篷布旬调整。每旬根据货车篷布运用实际情况进行调整。

4. 新造货车篷布的保管与投入。铁道部货车篷布的制造和修理 1995 年第四季度划归当时的新成立的中铁集装箱运输中心（中铁集装箱运输有限责任公司），货车篷布的资产为中铁集装箱公司所有，使用为各铁路局。集装箱公司每一年度按全路运输需要和旧布的报废情况，生产一定数量的货车篷布。质检部门检验合格后，中铁集装箱公司箱管部接受后通知部篷布调度，部篷布调度按全路使用需要下令到相关局、站保管，再下令投入使用。

5. 修理布的调整。货车篷布是铁路运输的一种辅助用具，不像铁路运输其他设备一样坚固，易损坏。而货车篷布损失的不确定性（随意性）又表现在日常运输生产的全过程，搬运（堆放）、装、卸运输途中的自然损坏和人为损坏，每天都产生一定数量的修理布。

日前全路 18 个铁路局大多都有篷布修理厂（点），而产生的修理布不可能均分布在各个修理厂点所在地，全路有调整跨局回送修理布的问题，各局管内也有调整修理布问题。

二、《货车篷布管理规则》对篷布调度工作的相关规定

1. 铁道部、铁路局应设篷布调度员。各级篷布调度员必须严格执行调度纪律，坚持保证

重点和先回送后使用的原则，积极组织，及时回送，提高篷布运用效率，按时完成篷布回送任务和各项运用指标，保证运输生产需要。(第 29 条)

2. 铁路局篷布调度每月末 4 日前向铁道部提报下月铁路篷布使用计划，铁道部根据年、月度货物运输计划进行综合平衡，每月末 2 日下达铁路篷布保有量、周转时间、使用效率等指标。(第 30 条)

3. 篷布调度重点掌握篷布到发量大的港口和车站额篷布运用情况。铁道部篷布调度根据重点运输需要，按照上月篷布使用流向，制定局间铁路篷布调整方案。(第 31 条)

4. 铁路篷布备用、解备必须经铁道部篷布调度批准。(第 32 条)

5. 车站应掌握铁路篷布到发及中转出入等情况，填制"货车篷布到发登记簿"(附件 3)、"货车篷布出入推算表"(附件 7)，每日 18 时前向铁路局篷布调度报送"货车篷布报告"(附件 4)。(第 33 条)

6. 铁路局篷布调度应根据"货车篷布运用图"(附件 5)、列车编组顺序表，将 18 时在途列车中使用、回送的铁路篷布张数填制在"货车篷布报告"的列车栏内。(第 34 条)

7. 铁路局篷布调度每日 18 时向铁道部报送"货车篷布报告"。(第 35 条)

8. 铁路局间分界站应及时填制"分界站货车篷布出入报告"(附件 2)，向双方铁路局篷布调度报告。相邻铁路局的篷布调度每日 6 时、18 时对分界站的铁路篷布出入数进行核对，不一致时，经双方核实后调整；仍有分歧时，3 日内由铁道部篷布调度裁定。(第 36 条)

9. 铁路篷布运用考核指标为周转时间、使用率，其计算公式如下：

全路篷布周转时间(日)＝运用数÷使用数；

全路篷布使用率(％)＝使用数÷现在数；

铁路局篷布周转时间(日)＝运用数÷(使用数＋接入使用数)；

铁路局篷布使用率(％)＝(使用数＋接入使用数)÷现在数。(第 37 条)

第二节　铁路篷布回送

一、铁路篷布回送规定

以下内容根据《货车篷布管理规则》规定：

1. 铁路篷布凭调度命令回送。车站填制"特殊货车及运送用具回送清单"一式两份，一份随车运送到站，一份留站存查(合资铁路、地方铁路回送铁路篷布时，应增加一份送交接站)。(第 23 条)

2. 回送到使用站的篷布必须是状态良好的运用篷布，回送到篷修所的篷布必须是待修或待报废篷布。运用篷布不得与待修或待报废篷布混装。(第 24 条)

3. 铁路篷布回送时，"特殊货车及运送用具回送清单"填记回送铁路篷布的总张数，并将铁路篷布号码准确填制在"货车篷布交接单"上。运用篷布填制一式二份，一份留站存查，一份随车运送至到站，待修或待报废篷布增加一份交篷布修理所。(第 25 条)

4. 铁路局管内可凭回送清单利用行李车(一批限 10 张以内)免费回送铁路篷布。行李员负责行李车回送篷布的交接。

跨局回送铁路篷布只限整车(每车不少于 100 张)装运，所需车辆应优先调配和挂运，不受

停、限装限制。使用敞车回送时，苫盖的铁路篷布按回送铁路篷布统计。（第26条）

5. 铁路篷布回送，途中变更到站时，原到站与变更后到站不属同一铁路局的由铁道部篷布调度批准，其他情况由铁路局篷布调度批准。（第27条）

6. 铁路篷布回送，到站货运员应核对数量和号码，与实际不符时，应于12 h内向发站和发到局篷布调度拍发电报。发站无异议时，铁路局篷布调度按到站实收数调整；发站有异议时，应于3日内派人赴到站复查，并将结果通知铁路局篷布调度。（第28条）

7. 铁路篷布凭调度命令扣修，应就近修理，跨局回送待修铁路篷布时，必须经铁道部篷布调度批准。（第43条）

二、铁路篷布回送装卸车时的规定

1.《铁路货物运输管理规则》第十四条规定铁路组织装车时，车站应做到：

(1)装车前，认真检查货车的车体(包括透光检查)、车门、车窗、盖阀是否完整良好，有无扣修通知、色票、货车洗刷回送标签或通行限制，车内是否干净，是否被毒物污染。装载粮食、医药品、食盐、鲜活货物、饮食品、烟草制品以及有押运人押运的货物等时，还应检查车内有无恶臭异味。要认真核对待装货物品名、件数，检查标志、标签和货物状态。对集装箱还应检查箱内装载情况，检查箱体、箱号和封印。

(2)装车时，必须核对运单、货票、实际货物，保证运单、货票、货物"三统一"。做到不错装、不漏装，巧装满载，防止偏载、偏重、超载、集重、亏吨、倒塌、坠落和超限。对易磨损货件应采取防磨措施，怕湿和易燃货物应采取防湿或防火措施。装车过程中，要严格按照《铁路装卸作业安全技术管理规则》有关规定办理，对货物装载数量和质量要进行检查。

(3)装车后，认真检查车门、车窗、盖、阀关闭及拧固和装载加固情况。需要填制货车装载清单及标画示意图的，应按规定填制。需要施封的货车，按规定施封，并用直径3.2 mm(10号)铁线将车门拧紧。需要插放货车表示牌的货车，应按规定插放。对装载货物的敞车，要检查车门插销、底开门搭扣和篷布苫盖、捆绑情况。篷布不得遮盖车号和货车表示牌。篷布绳索捆绑，不得妨碍车辆手闸和提钩杆。两篷布间的搭头应不小于500 mm，绳索、加固铁线的余尾长度应不超过300 mm。装载超限、超长、集重货物，应按装载加固定型方案或批准的装载加固方案检查装载加固情况。对超限货物，还应对照铁路局的批示文电，核对装车后尺寸。

2.《铁路货物运输管理规则》第十五条规定：铁路组织卸车时，车站应做到：

(1)卸车前，认真检查车辆、篷布苫盖、货物装载状态有无异状，施封是否完好。

(2)卸车时，必须核对运单、货票、实际货物，保证运单、货票、货物"三统一"。根据货物运单清点件数，核对标记，检查货物状态。对集装箱货物应检查箱体，核对箱号和封印。严格按照《铁路装卸作业安全技术管理规则》及有关规定作业，合理使用货位，按规定堆码货物。发现货物有异状，要及时按章处理。

(3)卸车后，应将车辆清扫干净，关好车门、车窗、阀、盖，检查卸后货物安全距离，清理线路，将篷布按规定折叠整齐，送到指定地点存放。对托运人自备的货车装备物品和加固材料，应妥善保管。

(4)篷布的折叠方法：

①篷布正面向上平展铺开，留出两根端绳，将长度方向的两侧边折向篷布纵向中线。

②将已折好的两侧各分三等份，向纵向中线连折两次。

③将篷布宽度方向的两侧边各向篷布横向中线折，然后再各自连续向中间对折3次而后对折踏实。

④折叠后应完整清楚地露出篷布上的编号及小路徽，外形尺寸约为1 000 mm×600 mm×300 mm。

⑤用预留绳打捆，两面捆十字，勒紧捆牢，不应松动；绳扣不得脱落，绳头应塞好。

卸下的货物登记“卸货簿”、“集装箱到发登记簿”或具有相同内容的卸货卡片、集装箱号卡片。在货票丁联左下角记明卸车日期。

3. 铁路货场内装卸组织工作由货运部门统一指挥，装卸组织管理由铁路装卸管理部门负责。

4. 运营部门与装卸部门的内部劳务清算(包括联运货物换装)，根据实际作业情况，填制有关单据作为清算依据。单据的格式、填写方法、清算办法、清算项目和单价，除有统一规定者外，由铁路局规定。

下列工作属于装卸车附属作业，不另清算：

(1)铺垫或整理防湿垫枕，苫盖、撤除、折叠和取送篷布；

(2)清扫货车、货位，关闭拧固车门、车窗、盖、阀；

(3)整理装车后剩余货物，必要时用篷布苫盖或搬入库台；

(4)安装或撤除支柱、挡板、垫板、禽畜支架；

(5)装载货物的捆绑加固(需要铆接、焊接等特殊加固除外)；

(6)托盘、网络等铁路装卸工具的铺设、撤移、整理和堆码。

三、货车篷布的交接

1. 货车篷布的交接凭证

“特殊货车及运送用具回送清单”，是铁路内部根据规定运送货车篷布及根据调度命令调拨、送修及修好返回的防湿篷布等铁路所属的货车或用具(产权属铁道部)的运输及交接凭证。

2. 回送清单及封套封面的填写

回送清单由车站负责填发，各栏要填写清楚、正确，有更改时应加盖带有站名的经办人名章。回送清单应具备车站编制的顺序号码，加盖车站日期戳，并有经办人签名或盖章，方为有效。按调度命令回送的应将命令号码记入“回送命令号码”栏内。回送清单一式两份，一份留站存查，一份随同货车(或用具)递送到站。

封套封面上各栏应根据实际情况填记并加盖车站日期戳记和带站名的经办人名章。一车有两个以上到站的封套，“货物到站”栏应按到达顺序填写站名，并冠以(1)、(2)、(3)等顺序号码。途中各到站卸后抹去本站站名和与前方卸车站无关的事项，填写需要增加的内容，并在更改处加盖带有站名的经办人名章。

3. 有关凭证的保管期限

货物承运簿、卸货簿(卡)、封套、货车装载清单和回送清单的保管期均为一年。到达的施封锁保管期为6个月。

4. 货运交接检查

货运交接检查的内容包括:列车中货物装载、加固状态;车辆篷布苫盖状态;施封及门、窗、盖;阀关闭情况;货车票据完整情况。发现异状时,应及时处理。

罐车和集装箱的封印、苫盖货物的篷布顶部、集装箱顶部、敞车装载的不超出端侧板货物的装载状态,在途中不交接检查,如接方发现有异状,有运转车长的由交方编制记录后接收,无运转车长的要由发现站拍发电报。发现重罐车上盖开启,车站负责关好,并由交方编制普通记录证明。在发站和中途站发现空罐车、加冰冷藏车冰箱盖上盖张开,要及时关闭。

货物运单、封套上的到站、车号、封印号码各栏,不得任意涂改。在装车站(含分卸站)、换装站、变更处理站因作业需要或填写错误时,应按规定更改。

5. 特殊情况处理

运输途中发生运输票据丢失时,丢失单位或处理站应编制普通记录继续运到站,并及时拍发电报向有关站查询,全列车运输票据丢失时,还应于当日上报主管铁路局。被查询站接电后,均应于 48 h 内电复或继续查询。发站接到查询电报后,48 h 内应按货票的内容拍发电报并将货票抄件寄送到站处理。

货物检查、交接的内容,以及发现问题的处理方法包括:

(1)在装车站不接收;在其他站由交方编制记录后接收,并由车站换装、整理或补苫篷布。但对篷布苫盖不严,在其他站可根据具体情况处理。货物是否有坠落可能,货物或篷布捆绑松动程度,双方意见不一致时,由车站确认能保证安全的,可编制记录继续挂运。

(2)补苫篷布时,车站应在货物运单、货票或封套上注明补苫张数和号码。如篷布数量发生变化时,还应在编组顺序表上修改或填写篷布张数。

车站(车务段)对普通记录应建立请领、发放、使用及保管制度。普通记录用纸须按号码连续使用。普通记录存查页应及时收回,不丢失,不缺页。

复习思考题

1. 全路货车篷布调度分几级?
2. 铁路篷布运用考核指标及计算公式是什么?
3. 铁路篷布回送有哪些规定?
4. 篷布的折叠方法有哪些?

第七章　货车篷布维修和报废

第一节　篷布维修用材料

一、绳　　索

1. 维修用计划及进库前检验

(1)维修用计划

应根据中铁集装箱公司下达的维修计划及篷布调度近期组织到篷布修理所维修篷布量的大小及现场实际，合理购进维修用绳索。一般以上季度用量计算出平均维修一张篷布所换篷布弹力腰绳、角绳、端绳、压绳及包边绳的数量与次季度的维修篷布张数相乘得出次季度购进绳索的数量。

(2)进库前检验

外观检查采用目测，检查绳索材质、结构、长度等是否符合要求。试验室检验同绳索机械性能的测定(本书第三章第二节)。

2. 质量管理

(1)铁道部产品质量监督检验中心对篷布绳索生产厂条件进行现场审核，抽取样品检测合格，报铁道部备案后公布生产厂商，未公布厂商的产品禁止上路使用。

(2)篷布绳索生产厂商应建立产品质量保证体系，建立健全包括绳索销售日期、购买单位、数量、规格等内容的产品日常管理台账。

(3)篷布绳索有效期限为 4 年。

(4)整根绳索应捻结标志线，内含产品名称、生产单位、联系电话、生产日期、有效期限。标志线使用 PE 材料制作、字迹必须清晰可见。

(5)每批绳索经铁道部产品质量监督检验中心检测合格并公布批号后方可使用，未公布合格批号的绳索不得用于货车篷布。

(6)篷布修理所必须采购铁道部质量监督检验中心检测合格并公布了批号的绳索，且每批绳索进库必须按检查要求抽样送质检所检测，不符合技术条件和规格的产品坚决退货。

二、眼　　圈

1. 规格及技术条件

D 型篷布眼圈规格及物理性能见表 7-1。

2. 维修用计划及进库前检验

(1)维修用计划

表 7-1 D型篷布眼圈规格及物理性能

项 目		单 位	指 标
D型篷布眼圈	内径	mm	22～25
	外径	mm	44～50
	钢板厚度	mm	0.30～0.40
	眼圈与基布的连接强度	N	≥2 000

应根据中铁集装箱公司下达的维修计划及篷布调度近期组织到篷布修理所维修篷布量的大小及现场实际,合理购进维修用眼圈。一般以上季度用量计算出平均维修一张篷布所更换篷布眼圈的数量与次季度的维修篷布张数相乘得出次季度购进眼圈的数量。为不影响生产,可根据现场情况适量多购进一些。篷布工应随时掌握现场使用量大小的变化,及时告知材料管理员。

(2)进库前检验

在光线好的地方先检查眼圈外观:材质是否为不锈钢,有无明显破损、裂痕。

检测眼圈内、外劲是否符合要求。用游标卡尺测量 3 个眼圈,取 3 个测量数据的平均值作为测量结果,精确至 0.1 mm、钢板厚度精确至 0.01 mm。

眼圈与篷布连接强度的测定见本书第三章第二节。

三、补 丁 布

1. 规格

补丁布的规格根据维修实际需要裁剪。补丁布的形状通常为圆形或方形,方形四角处应为圆弧。遇特大形状破口或破洞可按破口或破洞形状裁取。其中,破口指篷布被划开后,两侧能自然对齐的开口;破洞指篷布被划开后,自然摊平状态下,基布有缺失的开口。

2. 技术条件

篷布维修的补丁布应采用与新造篷布相同的布基,可才采用新布边角料。

3. 维修用计划及进库检验

维修用补丁布根据现场维修实际情况购进。所有用于维修的补丁布都必须认真检查材质是否符合要求。

四、大、小三角布

大三角布、小三角布原则上应用制作好的成品,如果现场没有,可严格按照《货车 D 型篷布技术条件》的规定材质及尺寸和制作。

五、压绳布、穿绳布

压绳布、穿绳布原则上应用制作好的成品,如果现场没有,可严格按照《货车 D 型篷布技术条件》的规定材质及尺寸和制作。

六、胶黏剂(胶)

1. 基本概念

凡是能把同种物质或异种物质通过表面紧密连接起来,可起应力传递作用,且能满足一定物理和化学要求的连接介质，可称之为胶黏剂，又名黏合剂，俗称胶。胶黏剂按化学成分可分为树脂型胶黏剂、橡胶型胶黏剂、聚合物合金型胶黏剂、无机物型胶黏剂和天然物型胶黏剂等。

2. 胶黏剂的功能

(1)黏接功能

胶黏剂的主要功能是将被黏接材料连接在一起。黏接组件内的应力传递与传统的机械紧固方式相比，应力分布更均匀，黏接的组件结构也比机械紧固且强度高、成本低、质量轻、胶黏剂可用于金属、塑料、橡胶、玻璃、木材、纸张、纤维等各种材料之间的黏接。

(2)外观平滑功能

用胶黏剂黏接的组件外观平整光滑，功能特性不下降。这一点对结构型黏接尤为重要。

(3)表面防腐功能

通过对被黏接材料的表面处理，易受腐的金属，可先用一层底胶，通过黏合层隔离，以便防止金属受到腐蚀破坏，且可达到黏接其他材料的目的。

(4)密封功能

(5)修复功能

断裂制品的黏接修复功能。缺陷、磨损、尺寸超差及划伤零部件的修复功能。

(6)堵漏功能

3. 胶黏剂的组分与作用

胶黏剂是以黏料为主剂，配合各种固化剂、增塑剂、填料、溶剂、防腐剂、稳定剂和偶联剂等助剂配制而成。最早使用的胶黏剂大都是来源于天然物质，如淀粉、糊精、骨胶、鱼胶等仅用水作溶剂，经加热配制成胶。因其成分单一，适用性差，很难满足各种用途的需求。直到合成高分子化合物出现后，才可供各种黏接场合选用，并满足各种性能要求。

(1)黏料

黏料也称为胶黏剂的基料或主剂，它是胶黏剂的主要成分，对黏接性能的优劣起主导作用。黏料必须具有良好的黏附性和湿润性等。作为黏料的物质有：合成树脂(包括热固性树脂和热塑性树脂)、合成橡胶或弹性体、聚合物合金、天然高分子、无机化合物等。

胶黏剂可由一种黏料制成，为提高黏接性能和环境耐久性，也可由两种或两种以上的黏料组成，配以助剂制成胶黏剂。

(2)助剂

①固化剂和固化促进剂

固化剂是可使低分子化合物或线性高分子化合物交联成体型网状结构的物质。固化剂是直接参与化学反应，使胶黏剂起固化作用的成分。它又称为交联剂，在橡胶中所用固化剂为硫化剂。胶黏剂经固化后可成为不溶的坚固胶层。常用的固化剂有胺类或酸酐类等物质。

为了促进固化反应，有时要加入促进剂，以降低固化温度或促进固化反应。热固性树脂胶黏剂常需加入促进剂，常用的固化促进剂有叔胺、季铵盐等。

固化剂和固化促进剂种类不同和用量多少，都会对胶黏剂的使用寿命、黏接工艺条件及黏接后的力学强度产生很大影响，使用时应予以注意，最好按胶黏剂生产厂商的使用说明配胶。

②填料

为了改善胶黏剂的加工性、耐久性、强度及其他性能，降低成本，常加入非黏性固体填料。如加入石棉绒、玻璃纤维等可提高胶层的冲击强度;添加石英、瓷粉、铁粉等,可提高胶层的耐磨性;添加氧化铝、钛白粉等,可增强胶黏剂的黏接力;添加金属粉末,可提高胶层导电性;添加导电炭黑、碳纤维、银粉和不锈钢纤维等,可制备导电胶黏剂;添加磁粉可制备出导磁性胶黏剂等。粉末填料颗粒要细,一般要求孔径在 48～150 μm,干燥,用量合适,否则还会对胶黏剂造成不良影响。

③溶剂(稀释剂)

为便于涂胶和胶黏剂黏度,常在涂胶前加入稀释剂(溶剂)。这种稀释剂具有溶解其他物质的能力。经稀释后的胶黏剂黏度便于涂胶,也可增加胶黏剂的湿润能力,提高分子活动能力,从而提高黏合力。

④增塑剂

增塑剂是用来改进胶黏剂脆性,提高其柔韧性的成分。以环氧胶黏剂为例,其胶层固化后脆性大,耐冲击性能差,容易断裂。若加入增塑剂就可明显地改进上述性能,提高黏接强度。而且胶层可防止裂缝扩展,耐疲劳强度进一步提高。常用的增塑剂为邻苯二甲酸酯类。一些高沸点的低分子有机液体也可作为增塑剂。某些热塑性树脂(如尼龙、聚乙烯醇缩醛等)、合成橡胶(如具硫橡胶、端羧基丁腈橡胶等)、乙烯-醋酸(乙酸)乙烯-丙烯酸三元共聚物等,也能起到增塑剂的作用。

⑤防腐剂

防腐剂是防止胶黏剂腐烂变质的成分。可防止微生物或霉菌滋生。常用的防腐剂有:甲醛、苯酚、季铵盐及贡类化合物,其用量不超过 0.2%～0.3%。

⑥稳定剂

稳定剂是有助于胶黏剂储存,并在使用期间可保持胶黏剂性能稳定的成分。若胶黏剂在高温环境下长时间使用(如夏天或高温时间等),其黏结强度会下降,甚至会完全破坏。为了提高胶黏剂的耐氧化性能,加入这种参与过渡金属离子生成稳定络合物的有机化合物,可降低过渡金属离子对有机过氧化物的催化活性,改善其热老化性能。常用的稳定剂有酚类、芳香胺、仲胺类化合物等。

⑦偶联剂

偶联剂是有助于提高被黏结物与胶黏剂黏接性能的成分。常用的偶联剂是含有活性基团的有机硅化合物(如硅烷)。

偶联剂可有效地改善不同性质或不同相黏附物质的表面状态,达到使两种物质的相互黏合。

偶联剂的使用方法大体上有两种,一是配入胶内,其用量约为胶黏料(即树脂、橡胶等)的 1%～5%,主要依靠分子的扩散作用迁移到界面上。另一种是把硅烷偶联剂配成浓度0.5%～2%的乙醇溶液,涂敷到已经处理好的黏结表面上,待溶剂挥发成膜后即可涂胶,这也是表面处理方法之一。

综上所述,胶黏剂制品大致由以上 8 种成分组成。但因应用目的不同,购买到的每一种胶黏剂,并非都含有上述 8 种成分,而是由几种主要成分(如黏料、固化剂、稀释剂等)组成,其他成分可视其具体的应用情况,在配胶时自选调制。我们了解了这些知识,可根据实际需要更好地配胶。

4. 胶黏剂的配方设计

配方设计涉及配方组分(原料)的品种、类型、用量和制备工艺,这些对胶黏剂的性能和应用都具有决定性的影响。

胶黏剂的配方设计，实质上就是在胶黏剂的主体成分中加入一定种类和数量的辅助成分或称配合添加剂，使胶黏剂获得所需要的性能，达到黏结的使用要求。

配方设计的基本原则：一是满足最终产品使用性能与耐久性的原则；二是抓住主要矛盾的原则；三是充分发挥添加组分(添加剂或助剂)功能的原则；四是降低成本的原则。

配方设计的基本内容：首先应充分了解黏料性能特点，尤其是已选定黏料的优缺点，根据对材料使用性能的要求，找出黏料的不足或缺陷，并将要解决的问题按照主次加以排序；然后，选择改性技术或方法。黏料或树脂改性好后，再选定添加组分(又称为添加剂或助剂)并确定其用量。目前常用的添加组分(助剂)较多，既有无机物质，又有有机物质，既可以是大分子材料，也可以是小分子物质，具体有增强剂、填充剂、增韧剂、增塑剂、稳定剂、固化剂、着色剂、阻燃剂、抗氧剂等。针对黏料存在的缺陷选用添加组分并确定其用量，是配方设计的核心工作。通常要借鉴前人的配方设计经验教训，选定添加组分并确定其用量，必要时还要进行试验，以求配方设计合理，在确保最终制品使用性能的前提下，尽量降低成本。可以说，配方设计工作就是对添加组分的选用和用量进行确定的工作。以最少的组分，最合理的用量，设计处最佳配方，制备出性能优异的胶黏剂是配方设计的最终目标。

配方设计方法：去除法、正交法，具体方法可参见有胶黏剂的专业书籍。

5. 胶黏剂的储存

绝大多数胶黏剂必须储存在暗色或不透明的容器内，有的胶黏剂为延长使用寿命，要在低温下储存。

6. 维修篷布用粘胶剂

维修篷布用粘胶剂(T-1 型塑胶黏合剂)主要成分是过氯乙烯配一定量溶剂。

T-1 型塑胶粘合剂属热塑性黏合剂，T-1 型塑胶黏合剂主要适用于维纶涂塑篷布，聚氯乙烯产品，有机玻璃制件等。

其主要技术性能包括：

(1)适用温度范围：－45℃～60 ℃；

(2)15 min 粘接剥离强度 0.1 kg/cm；

(3)固体含量为 25.7%±1%；

(4)防水性能：耐水，不开胶。

其使用方法是：先除掉篷布上的泥土、脏物后适量涂胶，间隔 2～3 min，少许挥发，即可粘贴。在保管上注意封闭，防止固化，防止暴晒，注意防火。保管期为一年。

篷布维修用胶要求是：环境温度为 10 ℃时，涂胶后的晾晒时间应不超过 5 min，粘补 30 min 后补丁的黏合强度不小于 25 N/30 mm；胶补补丁在－50 ℃和＋70 ℃温度下放置 1 h，补丁黏合强度不小于 25 N/30 mm。

7. 胶补作业要点

(1) 必须将补区清理干净。

(2) 补丁布的尺寸应满足：直接采用胶补的补丁布的大小应大于破口 40 mm；手工对接后粘补的补丁布宽为 100 mm～120 mm。

(3) 对补丁区和补丁布黏合面进行打磨(试验时使用的钢丝球)以增加黏合效果。打磨到磨掉篷布表面油污，目测篷布表面无光泽，用手触摸不光滑；打磨范围与补丁尺寸相同。

(4)涂胶厚度适度，均匀涂胶，刷子顺一个方向涂刷。

(5)将涂胶处放在室内平整通风处晾晒，根据室温掌握好晾晒时间。由于胶的种类不同、修补时的环境不同，因此胶的晾晒程度和晾晒时间可由胶厂给予指导。

(6) 晾晒后，将补丁涂胶面和补区黏合后，放在平整地面上用橡胶锤敲打粘胶后的补丁边缘，防止补丁布翘角现象。

(7)黏合后应完全固化。

胶补方法不仅满足 D 型篷布维修的要求，而且相对热焊补污染较轻。篷布修理所分布地域广，因此胶既要适用于北方冬季的严寒，又要适用于南方(华东、华中和华南)地区夏季的高温湿热，还要适用于西北地区夏季的酷热，才能满足维修的需要。

季节不同、环境条件(温度、湿度)不同，维修时胶的晾晒时间、固化时间均不同。中山大学和中国铁道科学院标准计量研究所通过模拟使用现场环境，对试样进行了常温常湿(24 ℃、52%)、低温(−5 ℃、−18 ℃)、高温(40 ℃、70 ℃)和高温高湿(40 ℃、80%)环境预处理，胶补布采用 D 型机织布，胶补作业方法。试验结果见表 7-2。

表 7-2　不同环境条件不同固化时间 D 型机织布胶补后的剥离力

试验环境 \ 固化时间		2 h	3 h	4 h	5 h	6 h	7 h
剥离力 (N/30 mm)	24 ℃	24.4	—	—	—	—	—
	−5 ℃	14.5	14.9	53.0	46.6	45.7	75.2
	−18 ℃	18.1	20.4	28.2	25.8	25.2	—
	40 ℃	31.2	52.8	51.6	54.8	56.2	—
	70 ℃	75.7	135.0	134.0	164.35	129.2	179.2
	40 ℃,80%	40.45	56.9	53.5	110.7	118.725	—

D 型机织布胶补试验的剥离力如图 7-1 所示，可以看出，胶的固化时间与环境温度和湿度存在一定的关系。温度越高，所需固化时间越短，固化后胶的剥离力上升速度越快。相同温度下，开始的 4 h 内，湿度对剥离力的影响不大；4 h 后湿度高的比湿度低的剥离力的上升速度明显加快。因此，篷修所应根据各地区修补时的气候特点确定胶补固化时间，胶补后所需固化时间建议见表 7-3。

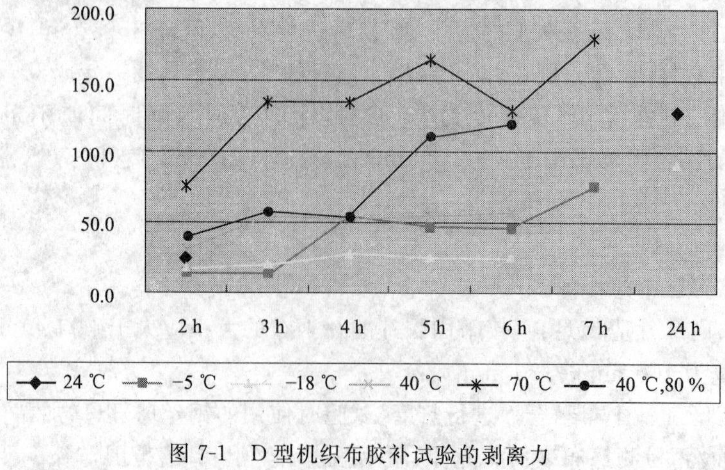

图 7-1　D 型机织布胶补试验的剥离力

表 7-3　推荐的 D 型机织布胶补后的固化时间

试验环境 \ 固化时间		胶固化时间(剥离力≥7.5 N/30 mm)
剥离力(N/30 mm)	24 ℃	不低于 2 h
	−5 ℃	不低于 4 h
	−18 ℃	不低于 4 h
	40 ℃	2 h
	70 ℃	2 h
	40 ℃,80%	2 h

常温环境下胶补固化时间不低于 2 h,高温和高温高湿环境下胶补固化时间为 2 h 左右,低温环境下(温度≥−18 ℃)胶补固化时间不低于 4 h。(没有进行温度低于−18 ℃的胶补试验,原因是东北地区冬季室外温度低,修补车间内有暖气,修补温度不会低于−18 ℃,而温度太低是不能正常进行手工修补作业的。)

8. 缝线

机制缝纫线和手工缝线直径均不小于 1 mm 白色涤纶加棉线。

第二节　维修材料进出库台账

一、材料管理要求

1. 材料管理必须规范,且应由专人管理,并建立出入库台账。

2. 购进篷布维修材料时首先要求供货方提供具有国家认可检验资格的质检局出具的质量检验合格报告单,材料到篷布修理所后再抽样送就近质检局复检。并将质检报告存档备查。材料进库后填记"验收记录",见格式 7-1。

格式 7-1

验 收 记 录

单位________年　　月　　日　　　　　　　　　　　　　　第____号

材料号	材料名称	计　量	单　价	数　量	金　额	备　注

经手人　　　　　　　　　　　　管库员验收

二、材料进出库

1. 材料总账

应填记材料购进(或发出)日期、种类、品名、数量、单位、单价、金额。且:结存数=结存数+购进−发出(调拨)。

材料总账填记摘要应注明材料购进、调拨、发放的详细内容,材料总账应与各类材料明细账合计相等。

格式 7-2

月	日	调价文号	零售价

明 细 账

产地________规格________第________页

货号________品名____________________

年		凭证		摘要	收入				发出				结存			
					数量	单位	购进单价	金额	数量	单位	购进单价	金额	数量	单位	单价	金额

2. 材料明细

材料分类建账，一种材料建一张卡，项目与总账一样，所有材料账的总和应与总账一致。明细账见格式 7-2。

3. 材料领取

篷布工根据当日维修工作量领取维修材料并在用料单请领人处签字。用料单见格式 7-3。

格式 7-3

用　料　单

年　月　日　第　号

领料部门__________用途__________

材料编号__________材料名称及规格__________

计量单位	数　量		标　准　单　价	金　　额
	请领	实发		

请领人　　　　　收料人　　　　　发料人

第三节　铁路货车篷布维修管理办法

一、篷布维修范围

篷布工负责维修铁路货车篷布，经上级主管部门同意也可维修自备篷布。维修办法及质量标准同铁路篷布。

二、篷布修理所的设定及篷布修理所应具备的条件

1. 篷布修理所的设定

(1)篷布修理所的设立由集装箱公司与各铁路局协商确定，原则上每个铁路局至少设立一个篷布修理所。公司每年与篷布修理所签订篷布委托维修协议。

(2)篷布修理所应设立在篷布到达量较大或使用量较大、交通相对便捷的地区(铁路运输枢纽地区应优先考虑)。

2. 篷布修理所应具备的条件

(1)具备篷布维修专用的车间和厂房，总体面积不小于 1 000 m^2，维修场地不小于400 m^2。维修场所室内通风、照明良好，场地硬面化。

篷布报废点存放待报废篷布的面积不得小于 1 000 m^2。

(2)配备必要的维修设备。如工业缝纫机、热焊机、绳索热黏合设备、洇水测试工具、眼圈模具及辅助工具、透光设备(灯光透光、自然光透光)、洗刷工具、烘干设备等必要的维修设备。

(3)建立完备的相关规章制度。如：篷布交接登记签认制度、篷布维修质量保证制度、生产安全制度、材料领取制度、统计分析制度、篷布维修质量验收制度和成本核算制度等。

(4)有专用的计算机及相关设备以实现篷布维修工作的全过程计算机化管理。

(5)配备专职质量检查人员。

三、篷布维修作业流程

篷布维修作业流程如图 7-2 所示。

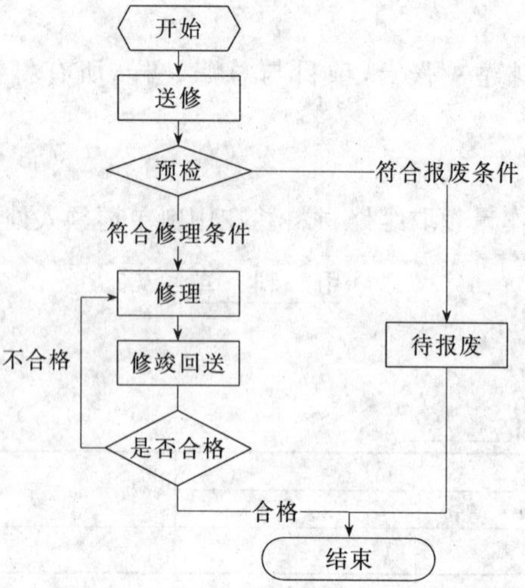

图 7-2　篷布维修作业流程

四、篷布维修清算

1. 各篷布修理所应严格按公司下达的年度货车篷布维修计划实施维修，不得任意突破，否则不予清算。

2. 公司每年根据市场变化，对篷布维修费用明细进行适时调整，并作为签订维修协议的附件。

3. 篷布修理所根据“篷布维修费用明细”，以分别填制“货车篷布维修月（季）报表”和“更换绳索明细表”及发票作为清算依据，于季末次月 5 日前上报分公司，分公司审核无误后于季末次月 10 日前上报公司。

4. 对迟报、错报清算费用资料时，公司不予清算，待纠正后，移至下一季度清算。

五、日常管理及考核制度

1. 为切实提高篷布维修质量以保证铁路货物运输的安全，公司每年不定期采用抽查方法全面检查篷布修理所工作，考核主要内容：规章制度执行情况、维修工艺、工作量计算及维修所硬、软件设施等内容。

2. 对管理松懈，规章制度不健全，维修质量不好、虚报工作量等现象除限期整改外，相应扣减工作量；对情节严重者，公司将即可解除维修协议。

3. 各分公司要积极协调铁路局共同加强对篷布修理所的日常管理。

4. 各分公司要配备专职人员负责维修管理工作，制定相关制度，切实加强篷布维修的管理和保证篷布质量。

第四节　铁路货车篷布维修报表

铁路货车篷布维修工作报表的填记必须准确，清楚，每项数据都应真实。

格式 7-4～格式 7-8 和表 7-4 为常用的铁路货车篷布维修报表。

格式 7-4

D 型货车篷布维修登记表

年　　月

顺号	修理日期	篷布号码	手工修补													缝纫机修补												维修工组	验收人姓名
			热焊及胶粘补(个)									更换绳索(根)				其他(个)				大山角(个)		小三角(个)		穿绳布(块)		压绳布(块)			
																		涂刷											
			100 mm 以内	101 mm 至 200 mm	201 mm 至 300 mm	301 mm 至 400 mm	401 mm 至 500 mm	501 mm 至 1 000 mm	1 000 mm 以下	破口面积 0.50 m^2 以下	破口面积 0.50 m^2 以上	弹力腰绳	压绳	角、端、边绳	包边绳	扎绳头	换眼圈	一组号码	路徽、号码	更换	缝补	更换	缝补	更换	缝补	更换	缝补		
1																													
2																													
3																													
4																													
5																													
6																													
7																													
8																													
9																													
10																													
11																													
12																													
13																													
14																													
15																													
计																													

格式 7-5

D 型货车篷布维修工作日志（一）

年　月

日期	篷布修理数量	手工修补																	缝纫机修补								清算费用(元)		
		热焊及胶粘补(个)									更换绳索(根)				其他(个)				大山角(个)		小三角(个)		穿绳布(块)		压绳布(块)		材料费	人工费	合计
		100 mm以内	101 mm至200 mm	201 mm至300 mm	301 mm至400 mm	401 mm至500 mm	501 mm至1 000 mm	1 000 mm以下	破口面积0.50 m^2以下	破口面积0.50 m^2以上	弹力腰绳	压绳	角、端、边绳	包边绳	扎绳头	换眼圈	涂刷		更换	缝补	更换	缝补	更换	缝补	更换	缝补			
																	一组号码	路徽、号码											
计																													

格式 7-6

D型货车篷布维修工作日志（二）

年　　月

日期	篷布出入统计											材料使用统计								材料费用
	昨日结存				当日入所	当日出所		当日结存				弹力腰绳	压绳	角、端、边绳	边包绳	黏合剂	棉线	眼圈	新布料	
	待修数	修竣布	待报废	合计		修竣布	其他	待修数	修竣布	待报废	合计									
计																				

格式 7-7

更换绳索明细表（D 型）

年　　月

顺号	篷布号码	回送站	日期	电报号或交接单	绳索损坏、丢失情况（根）		
					边、端、角绳	弹力腰绳	压绳
1							
2							
3							
4							
5							
6							
7							
8							
9							
10							
11							
12							
13							
14							
15							
16							
17							
18							
19							
20							
21							
22							
23							
24							
25							
26							
合计							

填制单位（章）：　　　　　　　　　　　　填报人：

格式 7-8

D 型货车篷布维修月(季)报表

年　　月(季)

维修所	出入所统计(张)									维修张数	费用清算			备注
	上月结存			本月入所	当月出所		当月结存				材料费	人工费	合计	
	待修数	待报废数	合计		修竣	其他	待修数	待报废数	合计					
合计														

填制单位(章):　　　　　　　　　　　　填制人:

注:上报此表时须附当月《货车篷布维修工作日志》一份。

表 7-4　D 型篷布维修工作量计算费用

维修内容		费用(元)				备　注
		主材料费	辅材料费	人工费	合计	
更换绳索	角、端、边绳	2.80		1.30	4.1	
	弹力腰绳	35.00		2.00	37.00	
	压绳	9.20		2.00	11.20	
	扎绳头			0.70	0.70	
换眼圈		1.50		0.50	2.00	包括贴补
插换包边绳		16.24		0.56	16.80	
热焊补	100 mm 范围内	0.38	0.17	0.55	1.10	
	101～200 mm 范围内	0.57	0.28	0.85	1.70	
	201～300 mm 范围内	0.76	0.38	0.96	2.10	
	301～400 mm 范围内	0.95	0.48	1.27	2.70	
	401～500 mm 范围内	1.14	0.58	1.48	3.20	
	501～1 000 mm 范围内	1.71	0.74	1.95	4.40	
	破洞长度大于 1 000 mm	2.84	0.82	3.04	6.70	
	破口面积≤0.5 m^2	8.89	1.05	3.96	13.90	
	破口面积≥0.5 m^2	10.11	1.25	4.54	15.90	
缝纫机补	更换大角	1.42	0.43	4.05	5.90	
	更换小角	0.40	0.30	2.50	3.20	
	更换穿绳布	0.17	0.30	2.03	2.50	仅限 D600001～D603000
	更换压绳布	5.59	1.20	5.01	11.8	
	大角(开线机补)		0.02	0.48	0.50	
	小角(开线机补)		0.01	0.29	0.30	
	穿绳布(开线机补)		0.01	0.29	0.30	仅限 D600001～D603000
	压绳布(开线机补)		0.70	2.50	3.20	
清洗涂刷	一组号码		0.10	0.50	0.60	三个号码为一组
	路徽		0.05	0.25	0.30	
	号码		0.05	0.25	0.30	

第五节　铁路货车篷布报废管理办法

一、铁路货车篷布报废条件

《货车篷布管理规则》规定符合下列条件的篷布必须报废：

1. 使用满 3 年；
2. 修补面积达 40%或修补处达 200 处的；
3. 大面积漏水或洇水，无法修补。

二、铁路货车篷布报废作业

铁路货车篷布报废作业流程：

1. 接收相关报废篷布通知；
2. 根据回送清单清单数量，核实号码、清洗号码；
3. 按规定折叠、堆码入库；
4. 粘贴报废篷布标签、填记报废篷布台账；
5. 按库房、区位、堆码作篷布堆码堆码标识；
6. 按规定格式将报废篷布数据输入计算机；
7. 上报数据；
8. 按审批命令处理报废篷布。

复习思考题

1. 篷布绳索质量管理规定是什么？
2. 胶黏剂使用应注意什么？
3. 胶的固化时间与环境温度和湿度的关系是什么？
4. 补丁布留用有什么规定？
5. 材料管理要求是什么？
6. 篷布修理所应具备的基本条件是什么？
7. 铁路篷布维修作业流程是什么？
8. 铁路货车篷布报废规定是什么？
9. 铁路货车篷布报废作业流程是什么？

职业技能

（分级部分）

初 级 工

一、接收鉴定篷布

(一)作业(操作)方法、步骤

1. 接收清点篷布数量、核实号码

篷布回送到篷布修理所后,篷布工应协助篷布管理员(未设篷布管理员的车站为货运员)根据"特殊货车及运送用具清单"上填记的张数和"货车篷布交接单"上填制的铁路篷布号码进行逐一核对,并做好记录。如果发现篷布张数和号码与实际不符时,应于 12 h 内向发站和发到局篷布调度拍发电报。

2. 识别各型篷布,判断区分待修和报废篷布

(1)清点完篷布数量、核实好号码后,篷布工先判断篷布类型,应正确区分铁路篷布和自备篷布。鉴别依据为篷布号码、几何特征、制作工艺及篷布材质,并将篷布按类别堆码。

(2)根据回送到篷布修理所的篷布质量,判断区分待修和待报废篷布。根据《货车篷布管理规则》第 47 条规定:篷布使用年限暂定为 3 年。使用满 3 年或未满 3 年但修补面积达 40%或修补处达 200 处的篷布,必须报废。不符合报废条件又非状态良好的需要修补的篷布视为待修篷布。

3. 填制货车篷布交接清单

检查发现铁路篷布破损或缺少篷布绳时,应填制"货车篷布交接单"("铁运篷-5"),并按《货车篷布管理规则》附件 1《铁路篷布损坏丢失处理办法》办理。

货车篷布交接单如表 1 所示。

表 1 货车篷布交接单

年 月 日

顺号	篷布号码	时间	车种车号	用别	发(到)站	状态是否良好	缺少绳索(根)			篷布破损程度(mm)					记事
							腰绳	压绳	边端绳	100	101～300	301～500	501～1 000	1 000 以上	
1															
2															
3															
4															
5															
6															
7															
8															
9															
10															

请领张数: 货运员签名:

交方(车站/专用线/篷布修理所): 经办人签名:

接方(车站/专用线/篷布修理所): 经办人签名:

（二）质量标准

接收篷布的质量标准是：篷布数量、号码正确无误；正确区分待修、待报废、自备篷布；单据填记正确清晰。

（三）应急处理技能

1. 数量错误及篷布路徽、号码不清晰时的处理

篷布数量与实际不符时要及时做好记录，按《货车篷布管理规则》第 28 条的规定：铁路篷布回送，到站货运员应核对数量和号码，与实际不符时，应于 12 h 内向发站和发到局篷布调度拍发电报。发站无异议时，铁路局篷布调度按到站实收数和篷布实际号码调整；发站有异议时，应于 3 日内派人赴到站复查，并将结果通知铁路局篷布调度。

电报内容要注明到达车次、车号、到达时间、卸车时间、实际到达张数等详细内容。

货车篷布号码、路徽不清时，应根据实际采用统一的篷布印字漆涂刷号码及路徽，要求字迹清晰、牢固，不洇边。字体、字号、字间距符合篷布供货技术条件的相关规定。

2. 非路用篷布及自备篷布到达篷布修理所的处理

回送到篷布修理所的篷布应该都是铁路篷布，但在实际工作中往往会遇到非铁路篷布（自备篷布或仿造篷布）回送到篷布修理所，且这样的篷布都经过了特殊的处理，不易区分。所以篷布工要严格以铁路货车篷布供货技术条件逐一比较，得出正确判断。对于非铁路篷布回送到篷布修理所应将实情上报铁路局篷布调度，并将篷布就地扣留，待篷布调度作出处理意见，发布调度命令后再按调度命令办理。

二、检查维修篷布

（一）作业（操作）方法、步骤

1. 维修前的准备

（1）按规定着装，严禁穿高跟鞋、钉子皮鞋。

（2）准备好维修用具，剪刀、卷尺、粉笔、刷子、手工缝纫针等。

（3）根据维修计划领取维修用弹力腰绳、角绳、端绳、包边绳、眼圈、补丁布、胶黏剂、缝纫线、篷布清洗剂等。

（4）检查剪刀、眼圈模具、推车、缝纫机等设备是否良好。

剪刀是篷布维修作业使用频率较高的工具，主要用于裁剪补丁布，维修作业前应检查其是否锋利。剪刀的使用直接关系着裁剪的质量、补丁布是否美观。

推车应检查车轮是否润滑，轴承是否残缺，车架有无裂纹。

2. 维修前的检查

（1）对篷布进行洗刷、除污、晾晒。先用扫帚清扫篷布，扫除残留物。再用专用刷子及洗涤剂对篷布破口周边进行洗刷，洗刷时要注意不要损伤篷布上的涂塑层。

（2）检查篷布绳索、眼圈、阻风布、穿绳布的数量及质量，确定是否进行更换，并用粉笔做好标记。

（3）检查篷布布体是否破损并根据破损情况画出修补简易图，确定维修工艺。

3. 维修作业方法

(1)手工对接缝合工艺

先用棉线将破口平整对齐直接接缝合，针码间距为每 100 mm 为 14～18 针，然后再用宽 100～120 mm 的补丁布胶粘补或热焊补。该工艺适合篷布破口整齐的维修。破洞不能硬性对接。

手工对接时使用手工针型号及手工线的粗细应根据篷布类型来选择，缝制时针线易穿出，以缝制好后不露针眼，涂上防水胶后做吊水试验不漏水、不洇水为最佳。

(2)机补缝合工艺

①缝纫机使用前的准备工作

a. 试车

清除油脂：新的或存放已久的机器，在使用前必须用煤油清除表面的尘埃和防锈油脂，再用软布擦拭干净。向机器的运转和滑动部位加注缝纫机油后，转动上轮，使油均匀地布满机器的各个运动部位。

检查：首先用手转动上轮，试一试有无运转不良，机针互相碰撞或转动力矩不均匀等故障，无故障方可试车。

试车：试车时上轮的转动方向应是逆时针的(从机器的右边面对上轮看)不要倒转。开始试车时，应抬起压角，低速空转，如果情况正常，方可将转速提高到 600 r/min，继续空转 10 min，再检查一遍，直到情况完全正常，方可正式使用，使用时先以 600 r/min 的缝纫速度使用 3 个月，待机器充分跑合后，再将缝纫速度提高到 800 r/min。

b. 缝纫前的准备针、线、补丁布的选择

机针和缝线应根据补丁布的性质来选择。一般来说篷布缝纫线规格为：25/3 或 18/7 的腊线，机针规格为 200～230 号。

c. 机针的安装

转动上轮，使针杆上升到最高位置，旋松针夹螺钉，将机针柄向上扦至机针孔的底部。机针长槽向左，然后旋紧针夹螺钉。

d. 穿面线

缝线经机头侧面顶部的过线圈，嵌入两夹线板之间，再向下穿过挑线侧盖板线勾，挡线簧，并在过线轮上绕一圈半线。然后向上再经过线簧，穿入挑线簧环内。之后再向上穿过挑线杆孔，向下嵌入针杆挡线，最后自左向右穿过针孔，并拉出 60 mm 左右的线头，以备缝纫。

e. 卸梭心

转动上轮，使机针刚好离开针板，向下按摆梭簧，使摆梭簧前端定位销与梭心壳脱离然后向外板开梭心壳，取出梭心。

f. 梭心绕线

把梭心扦入绕线器轴的顶端，自线团来的线，夹入两块夹线板的中间，再将线经过排线架上的排线板，然后将线头在梭心上绕上几圈，把满线跳板向下掀下，绕线轮即压向皮带。在缝纫过程中，也能自动绕线，梭心绕满线后能自动跳开。梭心线应排列整齐而紧密。如松浮不紧，可以加大夹线板的压力；如排列不齐，则要移动过线夹的位置进行调整。调整时先松开紧固螺钉，然后左右移动过线架，使之能自动排列整齐后再紧固之，梭心线不要绕得过满，否则容易散落，一般绕到小于梭心外径 0.5～1 mm。绕线量可以用满线跳板的螺钉加以调节。

g. 摆梭穿线

右手握梭心，左手牵缝线，让线滑入梭心簧的下面，再将线拖进梭心壳端部的导线槽内，沿着导线槽滑到梭心壳导线孔中，然后将梭心放入梭心壳内，将梭心壳压进梭床内，使摆梭簧前端定位销与梭心壳结合。最后引出 100 mm 左右的线备用。

②缝纫机的操作与调整

a. 缝线张力的调节

面线（针线）和底线（梭线）的张力（松紧）调节是否恰当，对线迹的质量有明显的影响，如图 1 所示。

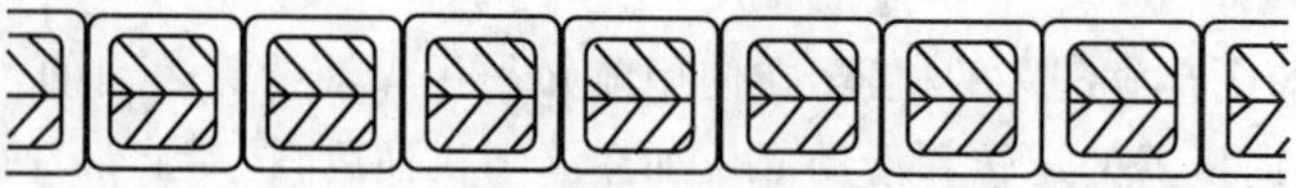

(a) 正常线迹,底面线交锁在缝料中部

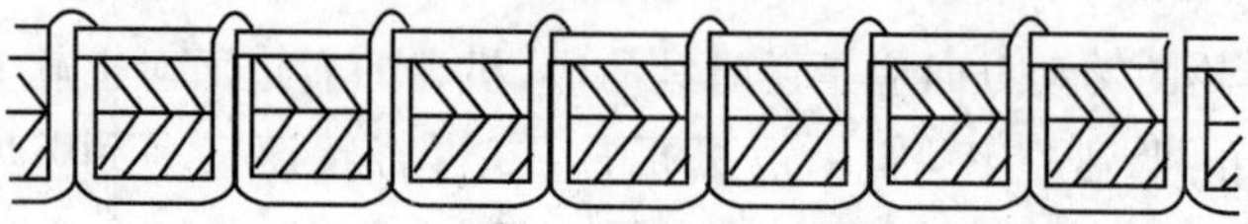

(b) 面线紧,底线松,底面线交锁在缝料中部以上

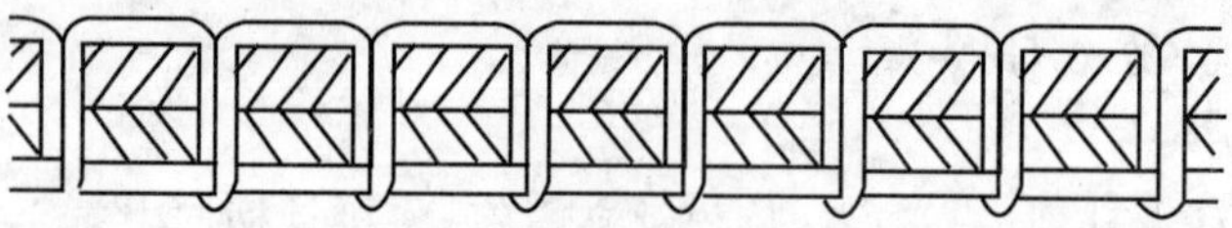

(c) 面线松,底线紧,底面线交锁在缝料中部以下

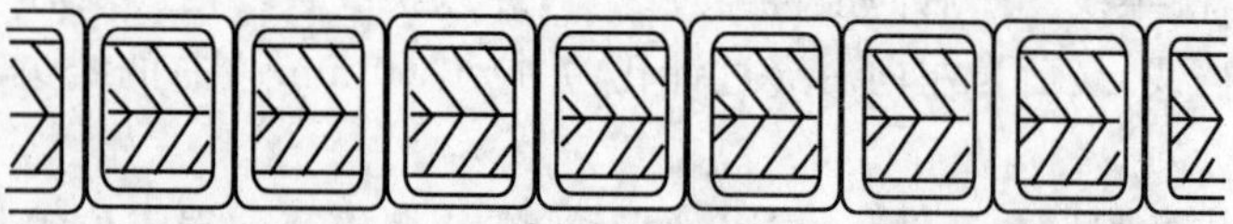

(d) 底面线均松,虽有可能交锁在缝料中部但有浮线现象

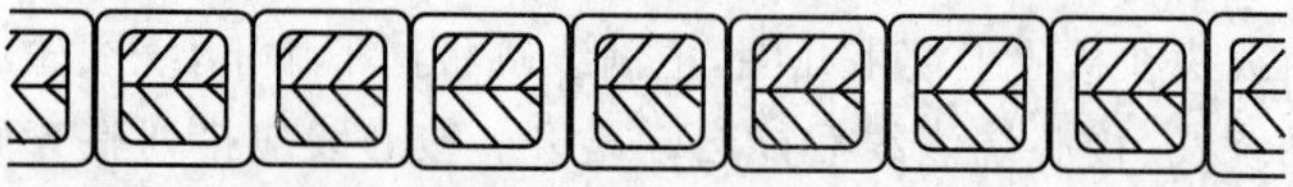

(e) 底面线均紧,虽有可能交锁在缝料中部但缝线已嵌入缝料

图 1　各种线迹

正常的线迹面线和底线应铰合在篷布的中间。若面线张力过大(紧),底线张力小(松)则面线将浮在篷布的上面成一直线状。若底线张力过大(紧),面线张力小(松),则底线将浮在篷布的上面成一直线状。

另外还有两种情况:一是面线和底线虽铰合在篷布的中间,但都很松的浮在篷布的面上;二是面线或底线虽铰合在篷布的中间,但过紧嵌入了缝料。遇到这两种情况,可通过调节缝纫机的螺母或螺钉来改善。

面线(针线)张力(紧松)可以调节夹线螺母,底线(梭线)张力(紧松)则调节梭心壳上的梭皮螺钉。

b. 压脚压力的调节

压脚的作用是帮助送布牙推进缝料(篷布),压脚的压力要根据缝料(篷布)的厚度加以调整,若缝料(篷布)较厚时,应加大压脚压力;若缝料(篷布)较薄时,应减少压脚的压力;压脚的压力,以能正常推送缝料(篷布)为准,应尽量减轻一些。

压脚压力的调节方法是旋动调节螺钉。向下顺时针方向旋进则压力增大;反之则压力减小。压脚压力调整如图 2 所示。

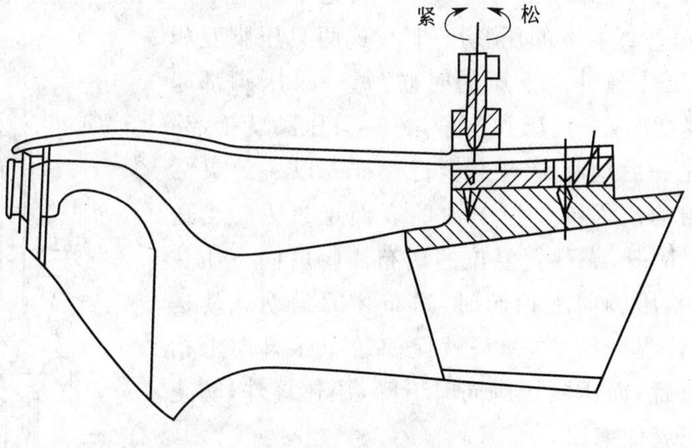

图 2 压脚压力调整

c. 针距的调节

缝制硬厚的缝料针迹距离宜放长,缝制较薄的缝料,针迹距离则宜短。铁路职工在缝纫篷布时,可以根据集装箱公司规定的缝制要求来调节针距。

调节针距的方法是:先旋松针距调节螺钉,往上移则针距小,向下移则针距大,调节适宜后,应将调节螺钉旋紧防止松动如图 3 所示。

d. 送布牙高度的调整

送布牙伸出针板平面的高度,应根据不同的缝料适当调整。

缝制厚料或多层缝料使齿尖伸出针板平面多一些,反之则少。

调整送布牙的高度,须旋松送布牙螺钉,调整到所需位置再旋紧,如图 4 所示。一般送布牙应高出针板平面 2～2.5 mm。

e. 差动压脚机构的调整

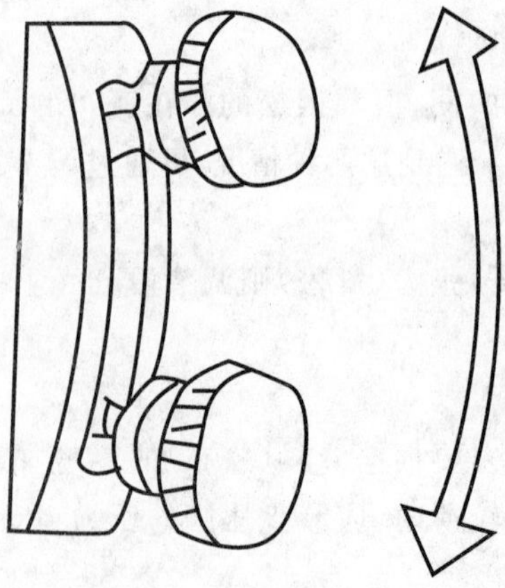

图 3　针距调整

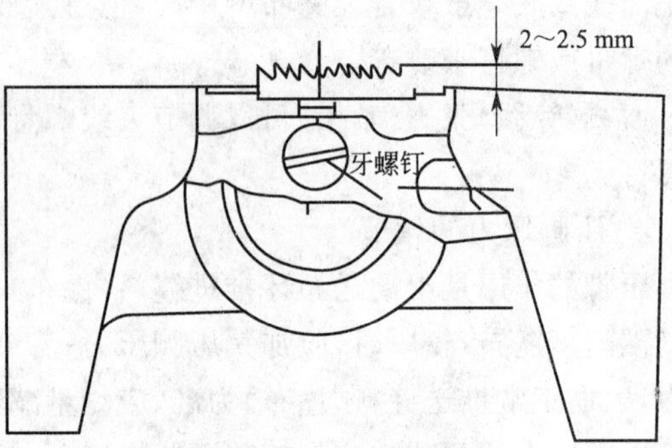

图 4　送布牙高度调整

这种机构使用两只压脚推布(图 5)，一只是垂直上下送布压脚 1，一只是垂垂直上下的压紧压脚 2，这两只压脚互相配合，交替地向下压住缝件。下压的时候，每一只压脚都起着支点的作用。缝纫时，一只压脚压紧，另一只压脚就抬起。两只压脚就向一先一后地在缝料上步行一样。以一致灵活的步伐在平滑均匀的表面或乍厚乍薄的表面走过去。当送布牙齿住缝料的底面时，靠弹簧复位的送布压脚就向下压住缝料的顶面，当压紧压脚向上抬起时，送布牙的运动就使送布压脚运动，送布行程一结束，弹簧就促使送布压脚向上抬起并回归到起始位置，而压紧压脚同时下降，压住缝件，防止推布压脚复位时把缝件拖回。

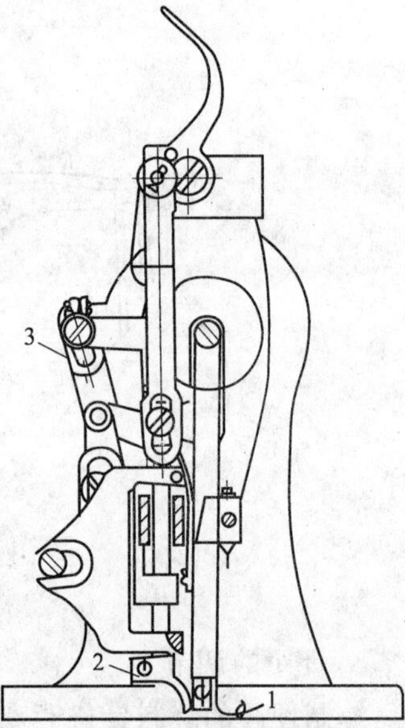

图 5　差动压脚机构调整
1—送布压脚；2—压紧压脚；
3—调整连杆。

压脚垂直上下运动的高度可以通过改变差动大连杆轴位螺钉在调整连杆 3 中的位置来实现。

f. 摆梭勾线时间的调节

机针与摆梭间的位置关系，直接影响到勾线，其正确的位置关系，应符合以下 3 条：

(a)机针运动到最低位置时，摆梭的勾线尖与机针之间的距离应为 6～7 mm，这一距离俗称勾线距，如图 6 所示。

GB 4-1 型帆布机的勾线距是在机头装配过程中，通过调整下轴曲柄定位螺钉，改变下轴曲柄对摆梭托的相对位置来实现的，为保证机头在长期运转过程中这一距离不变，装配最后还要钻孔打上定位销。因此用户在使用过程中一般无需再调整这一距离。

(b)当摆梭的勾线尖运动到机针的中心线时，梭尖距离机针穿线孔上边应为 2～2.5 mm，如图 7 所示。

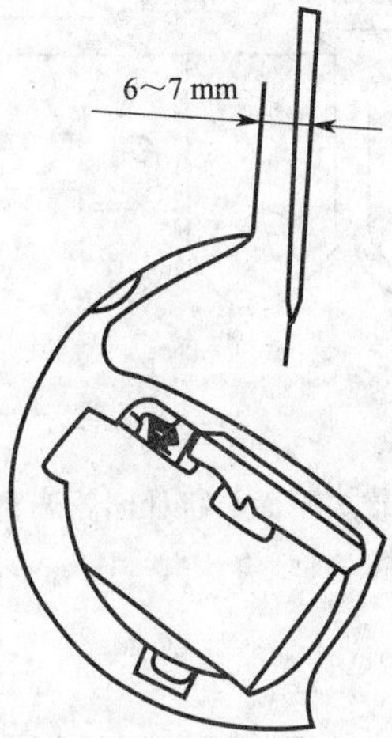

图 7　梭尖与机针孔

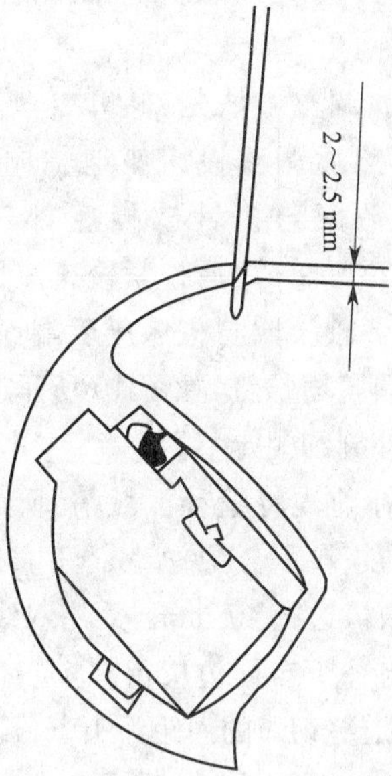

图 6　勾线距

机针位置过高，容易将线环带走，勾不上线，从而引起跳线。反之在线环抛出前，摆梭尖即到达勾线位置，则可能挤断线环，引起断线。

调整方法是移开针板，打开挑线侧盖板，用螺丝刀旋松针杆连接轴螺钉，然后移动针杆到上述正确位置，再旋紧针杆连接轴螺钉，如图 8 所示。

(c)当摆梭尖运动到机针中心时梭尖平面与机针缺档部的间隙应为 0.05～0.25 mm，如图 9 所示。

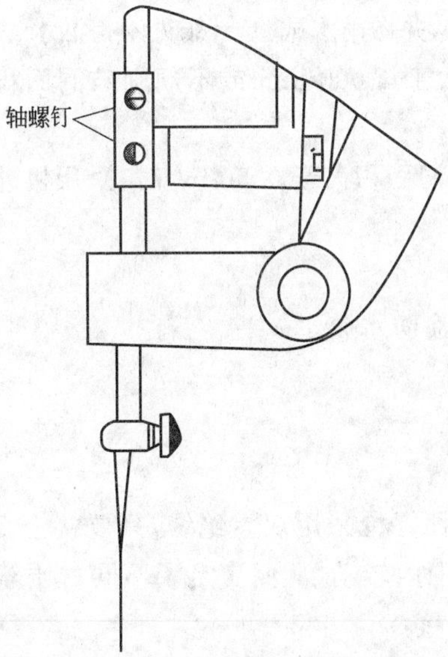

图 8　针杆高度调整

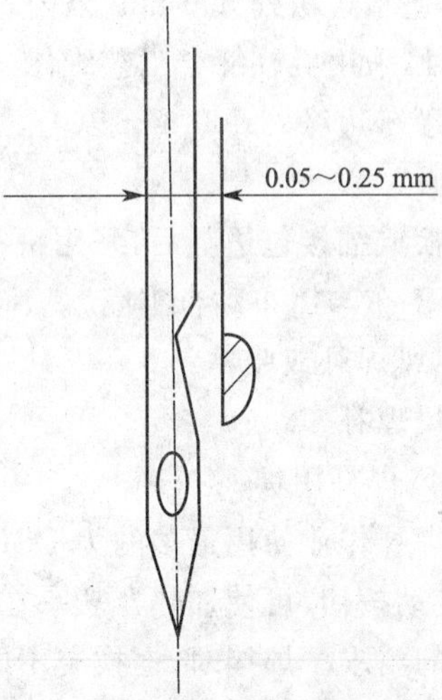

图 9　梭尖平面与机针间隙

间隙过大，梭尖难以准确地勾住线环，容易引起跳线，间隙过小，摆梭尖将可能与机针相撞而发生断针。

间隙的调整方法是：移开针板，将机头平放，用螺丝刀松开梭床座固定螺钉和下轴挡圈螺钉 2，然后调整梭床座地轴向位置，使梭摆尖平面与机针缺档底部间隙为 0.05～0.25 mm。之后拧紧梭床座固定螺钉 1，并使下轴挡圈与梭床座后端面贴紧，再拧紧挡圈紧固螺钉，如图 10 所示。

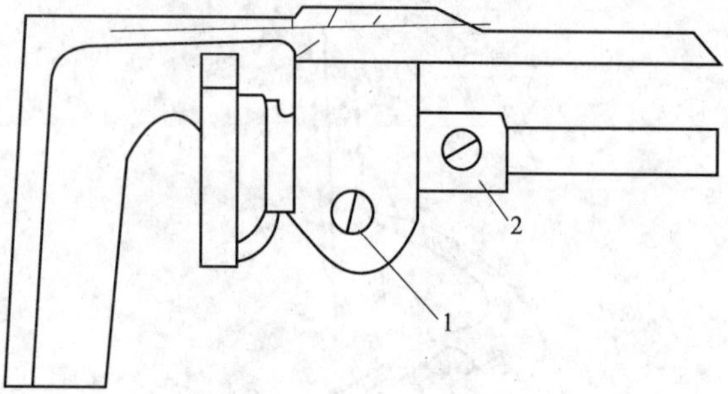

图 10　梭尖平面与机针间隙调整

1—固定螺钉；2—挡圈螺钉。

③机补缝纫规定

a. 缝补前先将缝补区域清理干净，再将补丁布与篷布黏合在一起，补丁布周边宽度应大于破口边宽 40 mm。采用双线缝补，外侧缝线与补丁布周边应留有 15～20 mm 的间距，两道缝纫线的间距为 10 mm。

b. 缝线松紧均匀，线路平直，针码每 100 mm 为 14～18 针，起针和止针处回针不少于 3 针。

c. 压绳布维修采用两侧平直双线机补，紧靠压绳的两道缝线间距不小于 45 mm，压绳布缝制后的中间应适当拱起，便于压绳穿过，起针和止针处回针不应少于 50 mm。

d. 修补后穿绳布的中间应适当拱起，便于腰绳穿过。

e. 机补针眼处应双面涂防水胶涂刷针眼，针缝处经 250 mm 水深、直径大于 500 mm、5 min内的吊水试验，不允许洇水、漏水。

f. D 型货车篷布大、小三角和两侧阻风布、包边处破损时需缝纫机补。

g. 篷布的四周边缘、大、小三角、阻风布、加强筋鼻处的修补，采用机补缝合工艺维修。加强筋鼻处破损，应垫布用双线机缝，针眼处涂刷防水胶或粘胶，并做吊水试验，针眼处不得洇水、漏水。

h. 距篷布边缘处 500 mm 以内，当长条破口长度大于 1 000 mm 或不规则破洞面积大于 0.20 m^2 时，采用机补缝合工艺维修。

i. 距篷布边缘处 500 mm 以上，当不规则多边形破洞面积大于 0.50 m^2 时，采用机补针缝工艺维修。

j. 更换或插接包边绳后，采用机补缝合工艺维修。

k. 补丁布与篷布黏合牢固，机补缝合后，针眼处要涂防水胶。

(3)热风焊补或胶粘补

①热风焊补

a. 热风焊补用具

热风焊补作业使用最多的为 DSH-Ⅱ塑料焊枪，这种焊枪采用双重绝缘，只要接上 220 V 交流电，旋动按钮，可使加热器功率在 80～1 080 W 范围内转动，从而满足了不同材质塑料对焊接温度的要求。焊接时，需换装不同喷嘴。

b. DSH-Ⅱ塑料焊枪的主要参数及性能指标

DSH-Ⅱ塑料焊枪的主要参数及性能指标见表 2。

表 2 DSH-Ⅱ塑料焊枪的主要参数及性能指标

额定电压	220 V	风 量	8 m³/h
额定功率	50 Hz	调温范围	10 ℃～550 ℃(无级)
最大功率	1 080 W	绝缘形式	回
风压	2 942 Pa	重量	1.4 kg

c. DSH-Ⅱ塑料焊枪的使用及注意事项

作业时,先将加热器功率调到最低挡位,通电后根据焊条需要,再逐步提高,达到焊接所需的理想温度。

停机前应先将旋钮指向刻度"1"处,吹风数分钟,待枪筒冷却后方可开机,以免余热过高烫坏机件。

操作时手勿触及枪筒,以免烫伤。用毕要轻放,以免震坏枪内零部件,影响使用寿命。

装配不同喷嘴和使电位器旋钮箭头指向不同刻度时,距喷嘴 10 mm 处的温度见表 3。

表 3 不同喷嘴和不同刻度时距喷嘴 10 mm 的温度 (单位:℃)

旋钮刻度	1	2	3	4	5	6	7	8	9	0
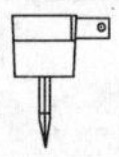	39	44	78	97	156	238	256	342	480	550
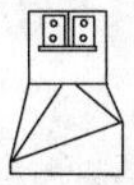	38	73	93	136	166	223	242	263	286	314
	73	88	93	132	166	197	225	252	262	280

d. 热焊补作业要点

(a)必须将修补区清洗干净,这是热焊补的前提条件。如果修补面有污物,会影响焊补效果。

(b)使用热焊机要先按规定预热。

(c)最关键的是焊接时掌握好电流强度的大小,如发现焊补效果不好,及时调整电流大小。

(d)修补后补区应冷却。

②胶粘补

胶粘补的使用材料为篷布专用粘胶剂。操作方法是:补丁布与破口黏合处清理干净并打磨后涂胶,将补丁布直接与黏合在破口处。

③热风焊补或胶粘补技术作业标准

a. 热风焊修补或胶粘补,分为直接采用热风焊修补或胶粘补及手工对接缝合后的热焊补或胶粘补。

b. 补丁布周边宽应大于破口 40 mm,补丁与篷布黏合要平整,密贴、牢固,不得脱焊、开胶和起翘。

c. 篷布破口处不得硬性搭接,手工对接时应将破口平整对齐,缝合针码间距每 100 mm 为

14～18 针。手工对接后粘补的补丁布宽为 100～120 mm。

d. 补丁布与破口处黏合前必须清理干净并打磨后涂胶，黏合后应完全固化。

④热风焊补或胶粘补适用范围

热风焊补和胶粘补时，必须将补区清理干净，胶补要对补丁区进行打磨以增强黏合效果。

a. D 型货车篷布除大、小三角和两侧阻风布、包边处破损时需缝纫机补，其他破损维修时均采用热风焊补和胶粘补维修工艺。

b. 距篷布边缘处 500 mm 以内，当长条破口长度小于 600 mm 或不规则多边形破洞面积小于 0.20 m^2 时可直接采用热风焊修补或胶粘补。长条破口平整且长度在 600～1 000 mm 时，先用手工对接缝合，然后用热风焊补和胶粘补。

若旧补丁周边开胶起翘，应撕掉原来旧补丁，重新进行维修。

(4)更换眼圈

①篷布眼圈损坏时，换用材质为不锈钢眼圈，外形应平整光滑。眼圈紧靠包边绳，牢固地安装在篷布上。篷布四角眼圈处缝制大三角布，篷布端、压、边绳的眼圈处缝制小三角布；更换篷布眼圈内径、外径及破断拉力必须符合铁路货车篷布技术条件的相关规定。

②篷布眼圈损坏时，更换篷布眼圈应使用眼圈模具。新眼圈的位置应在原眼圈位置的左侧或右侧，并位于大三角或小三角区域内。

③更换篷布眼圈时，用力要适度。既不能损坏眼圈，又要保证眼圈安装牢固。

(5)绳索的插接

①检查篷布

检查篷布用腰绳、端绳、角绳、压绳及包边绳的数量和质量，确定是否进行更换和补充。

②腰绳与篷布的连接

腰绳通过眼圈、穿绳布与篷布连接。腰绳一端从眼圈穿出后，绳头再向回，从腰绳和篷布间穿过，打一个活结；另一端从眼圈穿出后，向回打一个死结。相邻两腰绳活结、死结位置交错。

端、角、压绳穿过眼圈后应牢固插接。包边绳对接处应牢固插接，对接点不能超过 2 个。所有插接处的插扣为 8 个以上。

③篷布绳索的插接方法

绳索与篷布插接处称为绳尾，绳索另一端与车辆绳栓捆绑处称为绳头，绳头与绳尾之间称为绳秆。篷布绳索的插接方法是：

a. 左手握住绳尾处，右手轻抬篷布与地面有一拳头高度，左手握住绳尾在篷布反面由下至上从篷布眼圈孔处穿出，右手放下篷布，在篷布正面眼圈处拉出绳尾(右手拉时，左手可轻轻往上送出)约 550 mm。绳尾与绳秆搭接。

b. 从绳尾处将篷布绳拆分成 3 股，拆分长度为 400 mm，留出 150 mm(大约一拳头左右)不拆分部分与篷布眼圈自然形成一圆环。

c. 在未拆分的绳索 150 mm 处，用左手握住绳秆松开绳秆任意一扣，右手紧挨左手在相对方向用中指、无名指与小指紧握绳秆，拇指、食指、中指将绳尾的 3 股与绳秆进行插接，右手食指取最上面一股由下向上从绳秆松开的绳扣处上穿，拇指与中指卡住另两股绳索。左手拉出且用中指压下插好的这股绳索，食指松开相邻一扣，再用右手食指将第二股绳索由下向上从绳钎松开的绳扣处上穿，拇指与中指卡住另一股绳索。左手拉出且用中指压下插好的这股绳索，食指松开相邻一扣，再用右手中指将第三股绳索由下向上从绳钎松开的绳扣处上穿，左手拉出。正确插接完第一扣后松开双手提起绳钎可以看到3股绳索分别从3个孔中穿出，互不交叉，3股绳索在同一平面成120°角。用同样的方法插接第2扣、第3扣，一共插接8扣。插接完后绳尾支头约20 mm。再用双手对插接处进行捻和。

d. 插接好的绳索要紧，不得松散。角绳和端绳长度为从圆环端头至绳索末端长3 m，插扣8扣，捻和要紧。

(6)绳索绳头的处理

修理篷布绳索的绳头时，用苎麻线或涤纶线紧绕5圈，再缝扎4针，绳头末端热黏合处理、不松散。

(二)质量标准

1. 正确选择维修材料及维修工艺；

2. 无漏补，漏涂；

3. 无脱焊、开胶，焊补或胶补要求补丁平整，不允许有结块，无漏水、洇水；

4. 不允许用针缝代替热风焊补或胶粘补，缝制要求每100 mm有14～18针码线路要直，上下线的松紧要均匀；

5. 眼圈加工牢固、无破损、无裂痕；

6. 绳索外观不得有断股、磨损较严重和长度不够的现象；

7. 绳索插接为8扣，绳头不松散。

(三)应急处理技能

遇缺少阻风布、穿绳布、大三角、小三角时的处理办法。

维修篷布缺少阻风布、穿绳布、大三角、小三角时可用相同材质的补丁布按篷布供货技术上规定的尺寸进行制作。制作工艺必须采用机补，且双线缝纫。

三、整理保管篷布

(一)作业(操作)方法、步骤

1. 整理篷布

(1)篷布的折叠

篷布的折叠按铁道部运营专业(2010)667号文件附件五规定折叠。

①篷布正面向上平展铺开，留出两根端绳，将长度方向的两侧边折向篷布纵向中线。

②将已折好的两侧各分三等份，向纵向中线连折两次。

③将篷布宽度方向的两侧边各向篷布横向中线折，然后再各自连续向中间对折3次而后对折踏实。

④折叠后应完整清楚地露出篷布上的编号及小路徽，外形尺寸约为1 000 mm×600 mm×300 mm。

⑤用预留绳打捆，两面捆十字，勒紧捆牢，不应松动；绳扣不得脱落，绳头应塞好。

⑥折叠后应完整、清楚地露出篷布的小路徽及编号。

(2)货车篷布的堆码

①将折叠的维修合格篷布及报废篷布入库堆码分类摆放,并粘贴篷布维修合格证及报废号码标签。

②根据厂房面积,在库内按两(单)排一通堆码,中间通道宽 0.5～1.0 m,篷布号码标签朝外便于篷布取送、核对和检查。

③库内两侧堆码时,将中间小号码面向通道,摆放方式实行号码制管理,即按字头以区、排、垛、张的顺序摆放,每垛 5～10 张,并插放指示牌,标明篷布字头、总垛数和总张数,使库内的篷布数量一目了然。

2. 保管篷布

(1)篷布应室内存放,空气要流通,勿靠近热源。

(2)建立篷布出入库台账,并录入计算机。计算机上应清楚地显示出篷布在库房所处位置及篷布的准确信息。

(二)质量标准

1. 折叠好的篷布应完整清楚地露出篷布上的小路徽及篷布编号,叠好的篷布外形尺寸符合规定。

2. 篷布堆码整齐,篷布编号露出。库房标识清楚无误。

3. 篷布出入库台账正确无误。

(三)应急处理技能

室内库房不能满足篷布堆放时,维修好且近期回送的篷布的堆放处理。

如果近期篷布维修作业量较大,室内库房不能满足篷布堆放需要,接调度命令明确在当日回送并且当日非雨、雪天气时,可将当日修好要回送的篷布整齐地堆放在露天空地,并苫盖好。

中 级 工

一、接收篷布

(一)作业(操作)方法、步骤

1. 根据接收篷布质量的好坏区分待修篷布、待报废篷布

篷布工接受篷布后应严格按货车篷布质量标准区分待修篷布和待报废篷布。

(1)标记出需要更换处或修补处;

(2)标记出手工修补处或缝纫机修补处;

(3)根据标记按货车篷布质量标准及货车篷布报废条件确定待修篷布及待报废篷布,再由篷布质量管理员(篷布管理员)确认;

(4)绘制待修篷布修补示意图;

(5)填写《货车篷布报废状况表》,见表4,篷布号码、生产厂商必须填写准确。

表4 货车篷布报废状况表

顺号	篷布号码	生产厂商	报废原因			处理意见
			修补面积40%以上	修补补丁在200处以上	达到规定报废年限	
1						
2						
3						
4						
5						
6						
7						
8						
9						
10						
11						
12						
13						
14						
15						
16						
17						
18						

2. 报废篷布

(1)整理进库

①按货车篷布折叠标准整理折叠待报废篷布,折叠完后一定要完整、清楚地露出篷布的字头及号码;篷布字头号码不清楚时要用专用洗涤剂清洗。

②将整理好的报废篷布按照规定折叠后入库堆码摆放,并粘贴报废号码标签。

③根据厂房面积,在库内按两(单)排一通堆码,中间通道宽 0.5～1.0 m,报废号码标签朝外便于篷布取送、核对和检查。

④内两侧堆码时,将中间小号码面向通道,摆放方式实行号码制管理,即按字头以区、排、垛、张的顺序摆放,每垛 5～10 张,并插放指示牌,标明篷布字头、总垛数和总张数,使库内的篷布数量一目了然。在"货车篷布报废状况表"一侧注明摆放顺序。

(2)输入计算机

①输入数据:输入待报废篷布号码、生产厂商、库房摆放位置及回送日期。

②校对号码:判断本批次上报号码是否有重号,及是否与过去已报废的篷布号码重号。

③生成待报废篷布资料,内容包括:申请日期、报废总张数。每一行 6 个布号(用半角输入),布号间空两格,在每一组字头布号前列入"字头计××张"。要求数据正确无误。

(3)上报报表及软盘资料

①将计算机生成的报废篷布资料或电子文本传输给分公司。

②分公司审核报废号码后填制局名、文号并导入公司篷布报废数据系统,依据报废系统反馈(处理)结果和报废点申报数量、号码,派人到现场逐张核对,核对无误后将申请报废文件、鉴定报告及"有关报废篷布拍卖保留价的建议"(格式附后)等一并报公司审批。

(4)部审批、核实号码

①部中心审查后,将有重号等问题的篷布号码传至上报局进行核实。

②对有重号、无号、改号等疑问的篷布由报废点按顺序依次排列,号码向上,等待部中心复检。

(5)部篷布调度下令报废、核减篷布

公司箱管部应在 15 个工作日内及时审批分公司的报废申请文件,起草批准报废电报,部篷布调度下令报废、核减篷布。篷布修理所接到篷布调度命令后,核减篷布。

(6)涂号

经批准的报废篷布应将篷布上原有的印刷标记全部涂掉或打上新的的报废标记,具体办法是:用油漆在篷布字头号码及路徽上划两道宽 40 mm 的横直线,两侧写"报废"字样。涂漆模板如图 11 所示。涂号后实样如图 12 所示。

(7)拍卖

招标拍卖,上交残值。

(二)质量标准

1. 维修工艺选择正确,修补简易图准确、简明。

2. 上报报废篷布符合规定,号码正确无误。

(三)应急处理技能

各站段及篷布修理所应严格按照篷布调度命令及中铁集装箱运输有限责任公司相关文件规定回送报废篷布到指定篷布报废点。如果遇到个别单位有下列行为时应及时制止,并向发

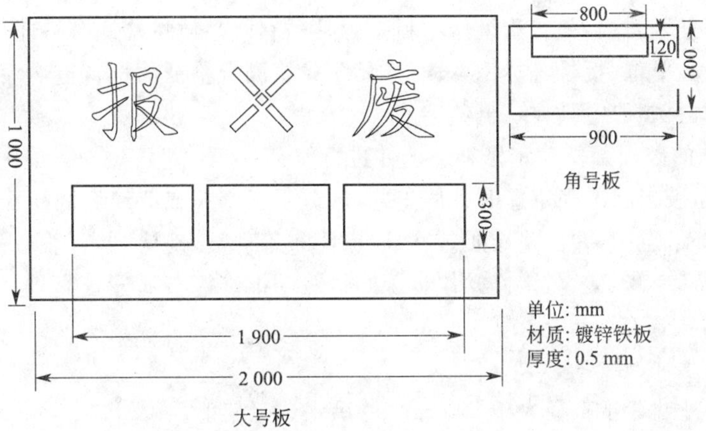

图 11　涂漆模板

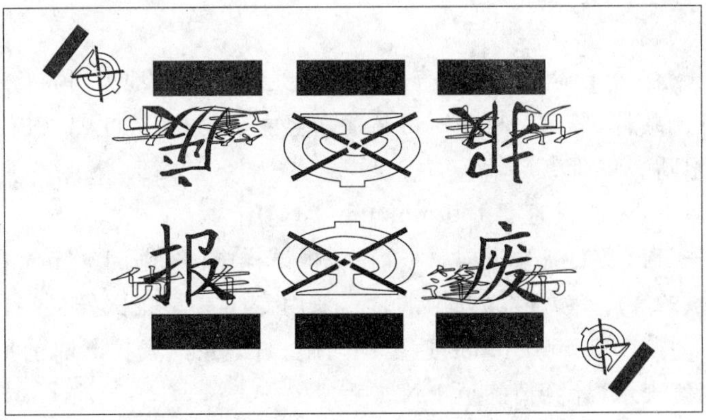

图 12　货车篷布报废后喷漆效果

站和发到局篷布调度拍发电报，待篷布调度作出处理意见，发布调度命令后再按调度命令办理。

1. 未在规定时间内回送到指定篷布报废点。

2. 用自备篷布或其他非路用篷布涂改后充当路用篷布。

3. 用站用防湿篷布涂改后充当路用篷布。

这类篷布都经过了特殊的处理，不易区分。所以篷布工要严格以铁路货车篷布供货技术条件逐一比较，得出正确判断，并要求篷布质量管理员（篷布管理员）确认。

二、篷布维修、检验

（一）作业（操作）方法、步骤

1. 领取篷布维修材料

（1）根据当日维修计划计算出大致所需各类维修材料数量。

(2)领取维修材料，并根据维修材料质量标准检查检查眼圈材质、内外劲，绳索长度、直径及粘胶剂浓度等是否合格，并查看维修材料是否粘贴有产品质量检测合格证，并注明有生产单位、生产日期、检验单位、批号等标识，没有产品质量检测合格证的材料拒绝领取使用。

(3)在维修材料领取“用料单”上签字。

2. 根据不同的破损部位确定修补工艺并进行修补

(1)根据篷布破损状况确定篷布维修工艺，区分手工修补或缝纫机修补。

(2)画出修补示意图，并由篷布质量管理员(篷布管理员)确认。

(3)维修篷布(维修工艺与维修操作步骤同初级工维修篷布部分)。

3. 按标准验收篷布

(1)吊水试验

①将篷布修补处置于直径大于500 mm的吊水试验架上。

②向置于吊水试验架上的篷布修补处逐步加水至250 mm水深。

③5 min后观察篷布修补处是否漏水、洇水；无漏水、洇水则视修补处合格，否则必须查找原因重新修补。

(2)简易透光试验

篷布修好后应放在透光试验机上检查。没有透光试验机的地方可将篷布置于光线好的地方仔细查看篷布有无漏补、漏涂。检查时可将篷布竖立，透过阳光更易找出漏补处。

(3)实验室绳索断裂负荷测定

仪器：拉伸试验机，以加载速度100 mm/min匀速施力。

试样制作：取一定长度的绳索试样3根，在每根试样中间处画100 mm的间距标线。

试验：模拟绳索的实际受力情况进行试验。采用专门夹具将试样夹持在拉伸试验机上施力。拉伸试验机启动按100 mm/min的速度均匀施力，记录绳索拉断时的最大负荷，结果以3个试样的算术平均值表示，计算精确至1 N。

(4)实验室修补处的剥离负荷测定

沿修补处方向裁取长200 mm、宽30 mm的试样3块。在试样的一端将修补处剥开50 mm，将两剥离的片分别夹置于试验机的夹具上，以(200±50) mm/min的拉伸速度剥离，试样有效剥离长度至少为70 mm，每块试样计算其算术平均值。取3块试样的算术平均值作为该项检验的结果。

(5)实验室眼圈的抗拉力测定

仪器：材料试验机，以加载速度50 mm/min匀速施力。

试样制作：按规定将眼圈安装篷布大三角处，紧靠包边绳。再在大三角处取试样，眼圈到对边300 mm，两边各带包边绳1 000 mm。

试验：模拟眼圈的实际受力情况进行试验。采用专门夹具将试样夹持在材料试验机上单轴施力。材料试验机启动按50 mm/min的速度均匀施力，记录篷布眼圈或篷布损坏时的最大负荷，结果以3个试样的算术平均值表示，计算精确至1 N。

4. 粘贴篷布维修合格证

(1)填写篷布维修合格证。

(2)将篷布维修合格证粘贴在折叠好后篷布的号码右上角。

5. 统计维修工作量，填记报表

篷布工修好一张篷布后应将工作量如实上报，由篷布质量管理员验收后登记填写 D 型货车篷布维修登记表、D 型货车篷布维修工作日志(一)、绳索明细表(D 型)。

篷布修理所与中铁集装箱运输有限责任公司按集运箱管相关文件规定的 D 型篷布维修工作量计算费用单价清算维修费用。篷布修理所再根据当地劳动力单价及篷布修理所实际情况支付篷布工工资。

(二)质量标准

1. 选用材料、修补工艺符合规定，作业流程正确。

2. 修补处无漏水、洇水。

3. 绳索的断裂负荷≥8 400 N，修补处的剥离负荷≥25 N/30 mm，眼圈的抗拉力≥2 000 N。

4. 合格证填写字迹清晰，数据正确。

5. 工作量统计准确、报表填写规范。

(三)应急处理技能

维修后检查篷布不合格的原因分析及处理方法。

修理完一张篷布如果经检查和试验不合格应从以下方面查找原因，再根据实际情况处理：

(1)维修工艺选择是否正确。

(2)使用维修材料是否符合规定。

(3)维修用工具是否选择合适。

(4)维修操作流程是否符合规定。

特别不要放过一些细节，比如涂胶的时间、缝纫线缝纫针型号，这些处理不当时修理的篷布都会漏水、洇水，查找一定要仔细，找到原因后再重新修理。

三、管理回送篷布

(一)作业(操作)方法、步骤

1. 管理篷布

(1)篷布维修完毕，经检验合格后，如果需要洗涮、除污的应用专用的篷布清洗剂(无腐蚀、污染的日常用的洗洁剂都行)进行洗涤后晾晒干。按规定折叠、堆码篷布(同初级工)。

(2)填写篷布出、入库台账。要写明修竣时间、进出库时间等内容。

2. 回送篷布

(1)接收调度命令

篷布调度命令一般为电话传达，接收调度命令时要记录正确，内容包括：发令人姓名、发令日期、命令号、篷布回送数量、篷布回送到站及重点事项。

(2)填写回送票据

①回送规定

铁路局管内可凭回送清单利用行李车(一批限 10 张以内)免费回送铁路篷布。行李员负责行李车回送篷布的交接。

跨局回送铁路篷布只限整车(每车不少于100张)装运,所需车辆应优先调配和挂运,不受停、限装限制。使用敞车回送时,苫盖的铁路篷布按回送铁路篷布统计。

铁路篷布回送,途中变更到站时,原到站与变更后到站不属同一铁路局的由铁道部篷布调度批准,其他情况由铁路局篷布调度批准。

②填写回送票据

篷布凭调度命令回送。车站填制"特殊货车及运送用具回送清单"一式两份,填记回送铁路篷布的总张数,并将铁路篷布号码准确填制在"货车篷布交接单"上。运用篷布填制一式两份,一份留站存查,一份随车运送至到站,待修或待报废篷布增加一份交篷布修理所。

③组织装车

a. 核对篷布号码和数量。

b. 通知货运部门组织装车。

3. 分析维修成本,提报材料计划

(1)分析维修成本及维修篷布收益

①计算维修一张篷布所需的各类材料的费用;计算方法:单价×数量=金额。

②计算维修一张篷布平均所支出的人工费;计算方法:单位人工小时费用×人工小时=支出人工费。

③ 计算维修一张篷布所需其他费用,包括厂房折旧费、工具、设备磨损费、职工劳保福利费、税收费、水、电等费用,按相关规定办理,计算出平均值。

④计算维修一张篷布所需支出的总费用。计算方法:材料费+人工费+其他(折旧、磨损、劳保、税收 、水、电等费用)=支出费。

⑤计算维修一张篷布的清算费用即收入费,用平均值更能反应实际。计算方法:以一月或一季度清算的总金额÷维修的总张数=一张篷布收入费。

⑥计算平均维修一张篷布的收益;收益费=收入费-支出费。

收益费值越大表明效益越好,篷布工应在实际工作注意节约材料,节约用水、电,爱惜各类设备、工具,压缩成本支出,使效益最大化。在成本支出过大时一定要查找原因,是客观因素还是主观因素。若是主观因素,我们在工作中就更要注意了,特别要减少重复作业和返工作业。

(2)提报材料计划

① 计算维修一张篷布平均所需的各类材料

由于篷布使用频率及损坏程度不同,篷布维修工作量也不同,所用材料会有很大差别。所以我们在计算时要计算维修一张篷布所需的各类材料(眼圈、绳索、补丁布、面线、胶粘剂等)的平均值。这个值仅作为一个参考来提报材料计划。

② 根据维修计划提报季度材料计划

提报材料计划,一般以上季度用量计算出平均维修一张篷布需要的各类材料数量与次季度计划维修篷布张数相乘得出次季度购进材料的数量。

(二)质量标准

1. 篷布回送无差错,确保整个作业过程绝对安全。

2. 材料计划与实际生产基本一致,不造成材料浪费、积压。

3. 成本分析准确,为下季度生产提供实际帮助。

(三)应急处理技能

1. 维修计划或进度变化时维修材料计划的调整

维修计划或进度变化时维修材料计划要作相应调整,维修计划减少或维修进度减缓,维修材料计划就要相应减少,并及时告知材料供应商;反之,维修计划增多或维修进度加快,维修材料计划就要相应增加,并提前告知材料供应商,不能因缺少维修材料造成误工,影响现场生产。要随时掌握材料使用情况,做到维修材料不积压,又能满足现场生产。

2. 装卸作业过程中突遇天气变化的应急处理

为确保装卸作业安全,装卸作业过程中如果突遇大风、雨、雪,要立即停止装卸作业,安置好防护,关好车门并告知货运调度员,待大风、雨、雪停止后再按照货运调度员安排继续装卸作业。

职业技能（通用部分）

一、安　全

(一)安全意识教育

1. 安全教育的重要性和必要性

安全生产直接影响着人民群众生命财产安全,关系改革开放、经济发展和社会稳定的大局。党中央、国务院一直高度重视安全生产工作。党的十六届五中全会中央经济工作会议对做好安全生产工作提出了明确要求。国务院多次召开会议研究安全生产工作,针对各方面存在的突出问题,采取了一系列政策措施。在大家共同努力下,安全生产取得了一定成效。但是,当前安全形势依然严峻,也有许多安全事故发生。

提高自身的安全意识,首先要清楚和掌握相关的安全生产法规,并在实际工作中去严格遵守,遵章守法是我们提高安全意识的前提条件,主要体现在如下几个方面:

(1)努力提高安全技术素质,熟悉自己岗位上的操作流程及相关安全生产规律,并在自己的工作范围内掌握一定的安全技术基础知识,熟练掌握操作技能和提高安全生产意识。

(2)严格执行安全生产责任制、工艺规程和岗位操作安全规程。

(3)如实反映安全生产和事故情况,不掩盖事实真相。

(4)对违章指挥、违章操作要规劝、批评、报告,并坚决抵制,树立起正确的安全意识。

在实际工作中铁路职工必须贯彻"安全第一,预防为主"的原则。自觉执行安全规章制度,牢记经验教训,尊重科学,按照客观规律办事;自觉执行规章制度,最大限度地避免事故。安全是企业的生命线,它是维持生产的重要条件,是企业生产正常进行的最大保障,任何企业与劳动者都必须把安全生产作为头等大事。

2. 强化安全生产意识

(1)安全生产人为意识

应大力普及从业人员在安全生产方面的权利和义务,做到不安全不生产,隐患不排除不生产,措施不落实不生产,加大力度抵制违章指挥。

(2)安全生产责任意识

安全生产责任重于泰山,要带着对人民群众深厚的感情抓安全,坚持把能否做到安全生产作为选拔、任用、考核干部的重要标准,同时落实安全生产高奖高罚政策,加大事故责任追究力度,依据相关法规程序追究官员安全生产的失察责任和不作为责任。

(3)安全生产效益意识

安全与健康是员工最大的切身利益,也是企业生存和发展的基本条件,应当正确处理好安全与生产、安全与效益、效益与安全投入的关系,把安全视为员工的第一福利和企业的最大效益。

(4)安全生产法律意识

我国安全生产方面的法规已经比较健全,但是在普法及执法方面仍显得乏力,应当建立安全监察的长效机制,依据《中华人民共和国安全生产法》、《中华人民共和国铁路法》、《中华人民共和国安全生产条例》等相关法律、法规和行业规章，对不具备安全生产条件的企业，要坚决依法整治，对存在的安全管理不善、不安全生产因数及事故隐患的企业，要责令限期处理和整改，要强化对持证上岗和相关业务技能培训的监察，切实加大监察执法力度。

安全生产无小事，在安全生产上应以"莫以善小而不为，莫以恶小而为之"的态度工作。只有认识到安全意识与保障安全生产之间的重要性，使每个人都有与本职工作相适应的安全技术素质，尤其是操作者之间的互相帮助与监督，才能够预防管理疏忽和操作失误，发现事故苗头，及时排除危险，从整体上强化安全意识。只有每位员工从自己做起，从小事做起，注重安全意识的培养和提高，人人都遵守安全规程、技术规范和操作规程，才能保障安全生产。

(二)安全作业常识

为了保证铁路运输任务的完成，任何有关行车运输的人员必须树立安全第一的思想，严格执行有效的规章制度和作业标准。

1. 人身安全的一般要求

(1)铁路货运职工在岗位上执行职务时，必须穿着规定的服装，佩戴易于识别的证章。

(2)铁路货运有关人员，于接班前须充分休息，以保证工作中精力集中，要根据工作需要正确使用防护用品，并且禁止饮酒上岗和擅离工作岗位，如有违犯，立即停止其工作。

(3)铁路货运职工必须在自己的职务范围内，以对国家和人民财产和对自己人身安全极端负责的态度，保证安全生产。

2. 行车作业人身安全通用标准

(1)班前禁止饮酒，班中按规定着装，佩带防护用品。

(2)顺线路走时，应走两线路中间，并注意邻线机车车辆和货物装载状态。严禁在道心、枕木头上行走，禁止脚踏钢轨面，道岔拉杆、尖轨等。

(3)横越线路时，应"一站、二看、三通过"，注意左右机车车辆的动态及脚下有无障碍物。

(4)横越停有机车车辆的线路时，先确认机车车辆暂不移动，然后在该机车车辆较远处通过。严禁在运行中的机车车辆前面抢越。

(5)必须横越列车、车列时，应先确认列车、车列暂不移动，然后由通过台或两车钩上越过，勿碰开钩销，要注意邻线有无机车、车辆运行，严禁钻车。

(6)禁止在钢轨上、车底下、枕木头、道心里坐卧或站立。

(7)严禁扒乘机车车辆，以车代步。

3. 手推调车的规定

在货物装卸时，由于某种原因需要手推调车作业，必须遵守《铁路技术管理规程》的有关规定，下列情况禁止手推调车作业：

(1)超过2.5‰坡道的线路上(确需手推调车时，须经铁路局批准)。

(2)遇暴风雨雪车辆有溜走可能或夜间无照明时。

(3)接发列车时，能进入接发列车进路的线路上无隔开设备或脱轨器。

(4)装有爆炸品、压缩气体、液化气体的车辆。

(5)电气化区段，接触网未停电的线路上，棚车、敞车类的车辆。

4. 装卸车作业人身安全注意事项

(1)装卸作业前安设防护信号。

(2)开关车门时,应用拉门绳,迎面禁止站人,以防车门脱落和货物倒塌、溜下而被砸伤。

(3)电气化区段,装卸作业时,必须在指定的线路上安全区域内停电进行。

(三)消防安全

1.《中华人民共和国消防法》概述

《中华人民共和国消防法》(以下简称《消防法》)自1998年9月1日起施行。1984年5月11日第六届全国人民代表大会常务委员会第五次会议批准,1984年5月13日国务院公布的《中华人民共和国消防条例》同时废止。

(1)消防工作的方针

消防工作贯彻预防为主、防消结合的方针,坚持专门机关与群众相结合的原则,实行防火安全责任制。

任何单位、个人都有维护消防安全、保护消防设施、预防火灾、报告火警的义务。任何单位、成年公民都有参加有组织的灭火工作的义务。

(2)火灾预防

① 生产、储存和装卸易燃易爆危险物品的工厂、仓库和专用车站、码头必须设置在城市的边线或者相对独立的安全地带。易燃易爆气体和液体的充装站、供应站、调压站,应当设置在合理的位置,符合防火防爆要求。原有的生产、储存和装卸易燃易爆危险物品的工厂、仓库和专用车站、码头,易燃易得气体和液体的充装站、供应站、调压站,不符合前款规定的,有关单位应当采取措施,限期加以解决。

②按照国家有关规定配置消防设施和器材、设置消防安全标志,并定期组织检验、维修,确保消防设施和器材完好、有效。

③保障疏散通道、安全出口畅通,并设置符合国家规定的消防安全疏散标志。

(3)消防安全职责

①建立防火档案,确定消防安全重点部位,设置防火标志,实行严格管理。

②实行每日防火巡查,并建立巡查记录。

③对职工进行消防安全培训。

④制定灭火和应急疏散预案,定期组织消防演练。

⑤任何人发现火灾时,都应当立即报警。任何单位、个人都应当无偿为报答提供便利,不得阻拦报警。严禁谎报火警。

公共场所发生火灾时,该公共场所的现场工作人员有组织、引导在场群众疏散的义务。

发生火灾的单位必须立即组织力量扑救火灾。邻近单位应当给予支援。

(4)消防安全技术规定

任何单位、个人不得损坏或者擅自挪用、拆除、停用消防设施、器材,不得埋压、圈占消火栓,不得占用防火间距,不得堵塞消防通道。

公用和城建等单位在修建道路以及停电、停水、截断通信线路时有可能影响消防队灭火救援的,必须事先通知当地公安消防机构。

2. 消防设备管理

(1)灭火器配置与管理

依据 1990 年 12 月 20 日颁发的《建筑灭火器配置设计规范》:

①灭火器配置场所需进行危险等级划分(严重、中、轻危险级)。

②灭火器选择。

正确合理地选择灭火器是成功扑救火灾的关键之一,应当根据不同种类火灾选择不同类型的灭火器。

a. 扑救 A 类(固体可燃物,如木材、棉、麻等)火灾应先用水型、泡沫、磷酸铵盐干粉和卤代烷型灭火器。

b. 扑救 B 类(可燃液体,如汽油、柴油、甲醇、乙醚等)火灾应选用干粉、泡沫、卤代烷和二氧化碳型灭火器。

c. 扑救 C 类(可燃气体,如煤气、天然气、乙炔、甲烷、丙烷)火灾应先用干粉、卤代烷和二氧化碳型灭火器。

d. 扑救带电火灾应选用卤代烷、二氧化碳、干粉型灭火器。

e. 扑救 A. B. C 类火灾和带电火灾应选用磷酸铵盐干粉、卤代烷型灭火器。

f. 扑救 D 类(可燃金属,如钾、钠、镁、钛等)火灾的灭火器应由设计部门和当地公安部门协商解决。

③灭火器的配置基准。

a. 每单元最少配置数量:一个灭火器配置场所计算单位内的灭火器配置数量不应少于 2 具。

b. 每点最多配置数量:一个灭火器设置点的灭火器配置数量不宜多于 5 具。

④灭火器的设置要求。

a. 灭火器应设置于明显的便于取用(包括不受阻挡和碰撞)的地点,灭火器的设置不得影响安全疏散。灭火器在某些场所设置时应有指示标志,灭火器应设置稳固,设置的灭火器铭牌必须朝外。

b. 手提式灭火器的设置位置:手提式灭火器宜设置在挂钩、托架或灭火箱内。顶部离地面高度应小于 1.50 m,底部离地面高度不宜小于 0.15 m。

c. 灭火器不应放在潮湿或强腐蚀性的地点。

⑤灭火器的保护距离。

灭火器的保护距离是指灭火器配置场所内任一着火点到最近灭火器设置点的行走距离(15～50 m)。

⑥灭火器的日常管理。

检查灭火器的外观、检查铅封是否完好,检查可见部位防腐层的完好程度,检查可见零部件是否完整,检查压力表指针是否在绿色区域,检查喷嘴是否畅通。

(2)消防栓及消防源水源的管理

《中华人民共和国消防法》第 48 条规定:不得埋压、圈占消防栓,不得损坏和擅自挪用、拆除、停用消防设施、器材。

①室内消防栓的维护保养。

a. 定期检查消火栓是否完好,有无生锈、漏水现象,接口垫圈是否完整,并进行放水试验,试验后及时擦干,在消防栓阀杆上加上润滑油。

b. 定期检查消防栓箱门、卷盘、水带、水枪是否损坏,门锁开启是否灵活,拉环铅封,水带转盘架是否完好,发现问题应及时更换和修理。

②室外消防栓的维护保养。

a. 每月或重大节日前应进行一次全面检查。

b. 检查时要放尽管理道内锈水,疏通放水阀,排除积水,消除消防栓上沉积的灰尘和污渍,并根据外表保护进行油漆。

c. 消防栓周围 30 m 内严禁堆物,15 m 内严禁停车,不能影响消防栓的正常使用。

d. 消防栓上所有部件必须保持良好,平时应做到无漏水、无锈蚀,开启方便,操作灵活。

(3)灭火、应急疏散预案和演练

消防安全重点单位制定的灭火和应急疏散预案应当包括下列内容:

①组织机构包括:灭火行动组、通信联络组、疏散引导组和安全防护救护组;

②报警和接警处置程序;

③应急疏散的组织程序和措施;

④扑救初起火灾的程序和措施;

⑤通信联络,安全防护救护的程序和措施。

消防安全重点单位应当按照烈火和应急疏散预案,至少每半年进行一次演练,并结合实际不断完善预案。其他单位应当结合本单位实际,参照制定相应的应急方案,至少每年组织一次演练。

3. 消防基本知识

(1)三懂

①懂得本岗位的火灾危险性。

②懂得预防火灾措施。

③懂得火灾的扑救方法。

基本的灭火方法就是根据起火物质燃烧的状态,为破坏燃烧必须具备的基本条件而采取的措施:

a. 冷却法:将灭火剂直接喷洒在可燃物上,使可燃物温度降至燃点以下。

b. 隔离法:将燃烧物与附近可燃物质隔离或者疏散开。

c. 窒息法:阻止空气进入燃烧区,使燃烧物质断氧熄灭。

d. 抑制灭火法:将化学灭火剂喷入燃烧区参与燃烧反映,中止链反应而使燃烧停止。

(2)三会

①会报警。

a. 向单位或周围的群众报警。

b. 向公安消防队报警,拨报警电话 119。报告火警时必须讲清以下内容:发生火灾单位或个人的详细地址、起火物、火势情况、报警人姓名及所用电话号码,任何人不得谎报火警。

②会使用灭火器。

干粉灭火器的正确使用方法:手提灭火器在距火场 3～5 m 时,拔下保险销握住压一手把下部,一手紧握软管前端,压下压把上部,软管喇叭口对准火源根部,左右扫射,由近及远,将火扑灭。

③会扑救初期火灾。

a. 扑救初期火灾的原则

·救人第一,集中兵力。首要任务就是把被火围困的人员抢救出来,要集中兵力于火场,集中兵力于火场的主要方面,集中使用灭火器材。

·先控制,后消灭。

·先重点,后一般。

b. 采取适当的方法扑灭初起火灾

对一般可燃物起火,可采用冷却法;对固体、液体和气体火灾,更多须采取隔离法;火灾发生后,在场的义务消防队员和个人须快速利用灭火器、消防栓等灭火设施进行扑救。

(四)篷布作业安全注意事项

1. 穿戴防护用品

篷布上往往有很多尘埃及残留物,维修篷布所使用的粘胶剂含丙酮,篷布工作业前应按规定着装,并带上防毒口罩及防护手套。

2. 检查厂房通风状况

篷布维修作业应安排在空气流通的地方,一是防止热天中暑,二是防止有害物侵入体内。冬天在室内作业时也要将厂房窗户打开或开换气扇。所以作业前应检查厂房通风状况是否良好,空气是否流通。

3. 维修作业过程中突然感到身体不适的应急处理

在作业时,如果突然感到呼吸困难、头晕、头痛、恶心、呕吐、乏力,并伴有颜面青紫、气喘,可考虑为中毒,这时应立即停止作业,远离厂房,到通风良好处,由他人陪同及时到医院就诊。

(五)安全用电常识

1. 电学中的基本概念

电是一种自然现象。电是像电子和质子这样的亚原子粒子之间的产生排斥和吸引力的一种属性。它是自然界4种基本相互作用之一。电或电荷有两种:一种叫做正电荷、另一种叫负电荷。被丝绸摩擦过的玻璃棒带正电荷,被毛皮摩擦过的橡胶棒带负电荷。通过实验我们发现带电物体同性相斥、异性相吸,吸引或排斥力遵从库仑定律。

国际单位制中电荷的单位是库仑(C)。1 C=1 A·s。即导线中载有1 A的稳恒电流,则在1 s内通过导线横截面积的电量为1 C。

库仑不是国际标准单位,而是国际标准导出单位。1个电子所带负电荷量 $e=1.602\,189\,2\times10^{-19}$ C,也就是说1 C相当于 $6.241\,46\times10^{18}$ 个电子所带的电荷总量。

2. 电路的基本概念

(1)电荷的电场

失去电子或得到电子的物体就带有正电荷或负电荷,带有电荷的物体称为带电体。在电荷的周围存在着电场,引进电场中的电荷将受到电场力的作用。

电场强度和电位是表征静电场中各点性质的两个基本物理量。电场中某点的电场强度即是单位正电荷在该点所受到的作用力。电场强度的单位是牛顿/库伦(N/C),电场中某点的电位是指在电场中将单位正电荷从该点移至电位参考点的电场力所作的功。电位的常用单位是伏特(V)或毫伏(mV),即1 V=1 000 mV。电场中某两点之间的电位差称为这两点之间的电压或电压降。电压的单位与电位的单位相同。

(2)电流和电路

在电源的作用下,带电微粒会发生定向移动,正电荷向电源负极移动、负电荷向电源正极移动。带电微粒的定向移动就是电流,一般以正电荷移动的方向为电流的正方向。电流的方向和大小不随时间变化的电流称为直流电,电流的大小和方向随时间作周期性变化的电流称为交流电。

电流的大小称为电流强度,电流强度简称为电流。电流的常用单位是安培(A)或毫安(mA),即 1 A=1 000 mA。

电流所流经的路径即电路。在闭合电路中,能够实现电能的传递和转换。电路由电源、连接导线、开关电器、负载及其他辅助设备组成。电源是提供电能的设备,电源的功能是把非电能转换为电能,如电池把化学能转换为电能,发电机把机械能转换为电能,太阳能电池将太阳能转化为电能,核能将质量转化为能量等。干电池、蓄电池、发电机等是最常用的电源。负载是电路中消耗电能的设备,负载的功能是把电能转变为其他形式的能量。如电炉把电能转变为热能,电动机把电能转变为机械能等。照明器具、家用电器、机床等是最常见的负载。开关电器是负载的控制设备,如刀开关、断路器、电磁开关、减压启动器等都属于开关电器。

辅助设备包括各种继电器、熔断器以及测量仪表等。辅助设备用于实现对电路的控制、分配、保护及测量。连接导线把电源、负载和其他设备连接成一个闭合回路,连接导线的作用是传输电能或传送电信号。

①直流电

直流电是指大小和方向都不随时间变化的电流,又称恒定电流。所通过的电路称直流电路,是由直流电源和电阻构成的闭合导电回路。在该电路中形成恒定的电场,在电源外,正电荷经电阻从高电势处流向低电势处;在电源内,靠电源的非静电力的作用,克服静电力,再从低电势处到达高电势处,如此循环,构成闭合的电流线。所以,在直流电路中,电源的作用是提供不随时间变化的恒定电动势,为在电阻上消耗的焦耳热补充能量。

在比较简单的直流电路中,电源电动势、电阻、电流以及任意两点电压之间的关系可根据欧姆定律及电动势的定义得出。

测量直流电路中电流、电压、电阻、电源电动势等物理量的仪表称为直流仪表。常用的有电流计、安培计、伏特计、电桥、电势差计等。

直流电源有化学电池、燃料电池、温差电池、太阳能电池和直流发电机等。直流电主要应用于各种电子仪器、电解、电镀、直流电力拖动等方面。

在电力传输上,19 世纪 80 年代以后,由于不便于将直流电低电压升至高电压进行远距离传输,直流输电曾让位于交流输电。20 世纪 60 年代以来,由于采用高电压、大功率变流器将直流电变为交流电,直流输电系统又重新受到重视并获得新的发展。

②交流电

交流电简称“交流”,一般指大小和方向随时间作周期性变化的电压或电流。它最基本的形式是正弦电流。我国交流电供电的标准频率为 50 Hz,日本等国家为 60 Hz。交流电随时间变化的形式可以是多种多样的。不同变化形式的交流电其应用范围和产生的效果也是不同的。以正弦交流电应用最为广泛,且其他非正弦交流电一般都可以经过数学处理后,成为正弦交流电的叠加。正弦电流(又称简谐电流),是时间的简谐函数,即 $I=I_m \sin(\omega_t+\varphi_0)$。

当线圈在磁场中匀速转动时,线圈里就产生大小和方向作周期性改变的交流电。现在使用的交流电,一般是方向和强度每秒改变 60 Hz。

我们常见的电灯、电动机等用的电都是交流电。在实用中,交流电用符号"~"表示。

通常,交流电表都是按有效值来刻度的。一般不作特别说明时,交流电的大小均是指有效值。例如市电 220 V,就是指其有效值为 220 V,实验室里的交流电源的电压一般为 220 V。为了安全,电源线绝不能用裸线,要用绝缘线,接头处要用绝缘胶布包扎。

3. 电的危害

如果在生产和生活中不注意安全用电也会带来灾害。例如,触电可造成人身伤亡,设备漏电产生的电火花可能酿成火灾、爆炸,高频用电设备可产生电磁污染等。

4. 安全用电常识

(1)怎样安全用电

夏季的酷热使人难耐,空调、电风扇也都转了起来。因为使用这些电器而造成的火灾、触电事故每年都有发生,怎样既安全又科学地用电,是每个家庭必须注意的大事。首先,要考虑电能表和低压线路的承受能力。电能表所能承受的电功率近似于电压乘以电流的值,民用电的电压是 220 V,如家中安装 2.5 A 的电能表,所能承受的功率便是 550 W,像 600 W 的电饭煲则不能使用。如此推算,5 A 的电能表所能承受的电功率是 1 100 W。

其次,要考虑一个插座允许插接几件电器。如果所有电器的最大功率之和不超过插座的功率,一般是不会出问题的。用 3 对以上插孔的插座,而且同时使用空调、电饭锅、电饭煲、电热水器等大功率电器时,应先算一算这些电器功率的总和。如超过了插座的限定功率,插座就会因电流太大而发热烧坏,这时应减少同时使用的电器数量,使功率总和保持在插座允许的范围之内。

另外,安装的刀闸必须使用相应标准的保险丝。不得用其他金属丝替代,否则容易造成火灾,毁坏电器。如因家用电器着火引起火灾,必须先切断电源,然后再进行救火,以免触电伤人。

(2)安全用电方法

电冰箱、电视机、洗衣机、空调器等家用电器的普及,为人们的生活带来了诸多便利。但是,要注意电源的安全使用,以避免不必要的伤害。

带金属外壳的电器应使用三脚电源插头。有些家电出现故障或受潮时外壳可能漏电。一旦外壳带电,用的又是两脚电源插座,人体接触后就有遭受电击的可能。耗电大的家用电器要使用单独的电源插座。因为电线和插座都有规定的载流量,如果多种电器合用一个电源插座,当电流超过其额定流量时,电线便会发热,塑料绝缘套可能熔化导致燃烧。

电压波动大时要使用保护器。日常生活中,瞬间断电或电源电压波动较大的情况时有发生,这对电冰箱是一个威胁。若停电后又在短时间(3~5 min)内恢复供电,电冰箱的压缩机所承受的启动电流要比正常启动电流大好几倍,可能会烧毁压缩机。

(3)安全用电问题解答

①照明开关为何必须接在火线上?

如果将照明开关装设在零线上,虽然断开时电灯也不亮,但灯头的相线仍然是接通的,而人们以为灯不亮,就会错误地认为是处于断电状态。而实际上灯具上各点的对地电压仍是220 V的危险电压。如果灯灭时人们触及这些实际上带电的部位,就会造成触电事故。所以各种照明开关或单相小容量用电设备的开关,只有串接在火线上,才能确保安全。

②单相三孔插座如何安装才正确?为什么?

通常,单相用电设备,特别是移动式用电设备都应使用三芯插头和与之配套的三孔插座。三孔插座上有专用的保护接零(地)插孔,在采用接零保护时,有人常常仅在插座盒内将此孔接线桩头与引入插座内的那根零线直接相连,这是极为危险的。因为万一电源的零线断开或者电源的火(相)线、零线接反,其外壳等金属部分也将带上与电源相同的电压,这就会导致触电。

因此,接线时专用接地插孔应与专用的保护接地线相连。采用接零保护时,接零线应从电源端专门引来,而不应就近利用引入插座的零线。

③塑料绝缘导线为什么严禁直接埋在墙内?

a. 塑料绝缘导线长时间使用后,塑料会老化龟裂,绝缘水平大大降低,当线路短时过载或短路时,更易加速绝缘的损坏。

b. 一旦墙体受潮,就会引起大面积漏电,危及人身安全。

c. 塑料绝缘导线直接暗埋,不利于线路检修和保养。

④为什么要使用漏电保护器?

漏电保护器又称漏电保护开关,是一种新型的电气安全装置,其主要用途是:

a. 防止由于电气设备和电气线路漏电引起的触电事故;

b. 防止用电过程中的单相触电事故;

c. 及时切断电气设备运行中的单相接地故障,防止因漏电引起的电气火灾事故。

d. 随着人们生活水平的提高,家用电器的不断增加,在用电过程中,由于电气设备本身的缺陷、使用不当和安全技术措施不利而造成的人身触电和火灾事故,给人民的生命和财产带来了不应有的损失,而漏电保护器的出现,对预防各类事故的发生,及时切断电源,保护设备和人身安全,提供了可靠而有效的技术手段。

⑤发生触电事故的主要原因是什么?

统计资料表明,发生触电事故的主要原因有以下几种:

a. 缺乏电气安全知识,在高压线附近放风筝,爬上高压电杆掏鸟巢;低压架空线路断线后不停电用手去拾火线;黑夜带电接线手摸带电体;用手摸破损的胶盖刀闸。

b. 违反操作规程,带电连接线路或电气设备而又未采取必要的安全措施;触及破坏的设备或导线;误登带电设备;带电接照明灯具;带电修理电动工具;带电移动电气设备;用湿手拧灯泡等。

c. 设备不合格,安全距离不够;二线一地制接地电阻过大;接地线不合格或接地线断开;绝缘破坏导线裸露在外等。

d. 设备失修,大风刮断线路或刮倒电杆未及时修理;胶盖刀闸的胶木损坏未及时更改;电动机导线破损,使外壳长期带电;瓷瓶破坏,使相线与拉线短接,设备外壳带电。

e. 其他偶然原因,夜间行走触碰断落在地面的带电导线。

⑥发生触电时应采取哪些救护措施?

发生触电事故时,在保证救护者本身安全的同时,必须首先设法使触电者迅速脱离电源,然后进行以下抢修工作：

a. 解开妨碍触电者呼吸的紧身衣服。

b. 检查触电者的口腔，清理口腔的黏液，如有假牙则取下。

c. 立即就地进行抢救，如呼吸停止，采用口对口人工呼吸法抢救，若心脏停止跳动或不规则颤动，可进行人工胸外挤压法抢救。决不能无故中断。

如果现场除救护者之外，还有第二人在场，则还应立即进行以下工作：

a. 提供急救用的工具和设备；

b. 劝退现场闲杂人员；

c. 保持现场有足够的照明和保持空气流通；

d. 向领导报告，并请医生前来抢救。

实验研究和统计表明，如果从触电后 1 min 开始救治，则 90％可以救活；如果从触电后 6 min开始抢救，则仅有 10％的救活机会；而从触电后 12 min 开始抢救，则救活的可能性极小。因此当发现有人触电时，应争分夺秒，采用一切可能的办法。

⑦漏电保护器的基本要求是什么？

在技术上应满足以下几点要求：

a. 触电保护的灵敏度要正确合理，一般启动电流应在 15～30 mA 范围内；

b. 触电保护的动作时间一般情况下不应大于 0.1 s；

c. 保护器应装有必要的监视设备，以防运行状态改变时失去保护作用，如对电压型触电保护器，应装设零线接地的装置。

⑧如何防止电气火灾事故？发生火灾后怎么办？

首先，在安装电气设备的时候，必须保证质量，并应满足安全防火的各项要求。要用合格的电气设备，破损的开关、灯头和破损的电线都不能使用，电线的接头要按规定连接法牢靠连接，并用绝缘胶带包好。对接线桩头、端子的接线要拧紧螺丝，防止因接线松动而造成接触不良。电工安装好设备后，并不意味着可以一劳永逸了，用户在使用过程中，如发现灯头、插座接线松动(特别是移动电器插头接线容易松动)、接触不良或过热现象，要找电工及时处理。

其次，不要在低压线路和开关、插座、熔断器附近放置油类、棉花、木屑、木材等易染物品。

电气火灾前都有一种前兆，要特别引起重视，就是电线因过热首先会烧焦绝缘外皮，散发出一种烧胶皮、烧塑料的难闻气味。所以，当闻到此气味时，应首先想到可能是电气方面原因引起的，如查不到其他原因，应立即拉闸停电，直到查明原因，妥善处理后，才能合闸送电。

万一发生了火灾，不管是否是电气方面引起的，首先要想办法迅速切断火灾范围内的电源。因为，如果火灾是电气方面引起的，切断了电源，也就切断了起火的火源；如果火灾不是电气方面引起的，也会烧坏电线的绝缘，若不切断电源，烧坏的电线会造成碰线短路，引起更大范围的电线着火。发生电气火灾后，应使用盖土、盖砂或灭火器，但决不能使用泡沫灭火器，因为这种灭火剂是导电的。

5. 安全用电原则

(1)不靠近高压带电体(室外、高压线、变压器旁)，不接触低压带电体。

(2)不用湿手扳开关，插入或拔出插头。

(3)安装、检修电器应穿绝缘鞋，站在绝缘体上，且要切断电源。

(4)禁止用铜丝代替保险丝,禁止用橡皮胶代替电工绝缘胶布。

(5)在电路中安装触电保护器,并定期检验其灵敏度。

(6)雷雨天气时,不使用收音机、录像机、电视机,且拔出电源插头和电视机天线插头。暂时不使用电话,如一定要用,可用免提功能键。

(7)严禁私拉乱接电线,禁止学生在寝室使用电炉、"热得快"等电器。

(8)不在架着电缆、电线的下面放风筝和进行球类活动。

6. 其他注意事项

(1)人的安全电压不高于 36 V。

(2)使用试电笔不能接触笔尖的金属杆。

(3)功率大的用电器一定要接地线。

(4)不能用身体连通火线和地线。

(5)使用的用电器总功率不能过高,否则引起电流过大而引发火灾。

有人触电时不能用身体拉他,应立刻关掉总开关,然后用干燥的木棒将人和电线分开。

二、缝布维修设备的常见故障及处理

(一) 缝纫机常见故障的分析及排除

1. 故障检查方法

缝纫机故障的排除,关键在于作出正确的诊断,而正确的诊断来自于细致地检查和分析。当遇到帆布机挑线、断线、断针、缝料起皱、运转沉滞等故障时,首先要根据故障发生时的情况和特征,通过检查,查明哪里出了毛病,再动手修理才能消除故障,否则越修故障越多,下面介绍几种检查方法。

(1)机构检查方法

帆布机是由刺布、挑线、勾线、送料 4 个主要机构组成的,这 4 个机构不仅分工明确,而且运动上又协调一致,当出现故障时,按机构的分工去检查毛病的所在,可以收到事半功倍的效果,缝纫机常见的故障,一般都可以用机构检查法检查。

①刺布机和勾线机构是形成线迹的主要机构,当遇到跳针、断线、断针等故障时,应首先检查刺布机构和钩线机构,重点检查机针和摆梭配合及勾线位置是否正确,然后再考虑其他机构。

②挑线机构是保证线迹清晰、美观、牢固的主导机构,当遇到线迹混乱,不美观、不牢固等故障时,应首先检查挑线机构及其供线。

③送布机构直接影响到缝料前进的快慢,线迹的长短。当遇到送料不畅,缝料起皱、跑偏等故障时,应首先检查送料机构,特别应检查送布牙的高低和快慢是否合适。

用机构检查法可以查出绝大多数故障发生的原因。但缝纫机主要机构之间的运动是相互联系的,一个机构出了毛病,也能影响其他机构的工作。所以,当机构检查法找不到故障的原因时,还应检查与这种故障有关联的其他机构。

(2)特征检查法

有些故障在发生时或发生后有特殊的表现,如缝料来回运动,主要是送布牙安装位置太高或不平造成的。缝料背面被"啃破",原因是压脚压力过大或送布于齿过于锋利形成的。根据缝纫中一些特殊表现，来检查故障发生的原因，叫特征检查法。利用这个方法，能及时迅速地查出发生故障的原因。

(3)因果检查法

当由于某一明显的原因(如更换零件、缝料、机针、断线等)才产生某一故障时，即可紧紧围绕着这一原因来检查机器的毛病所在，这个方法叫因果检查法。

因果检查法是一种比较省力的检查方法，例如机器原来转动很轻滑，自从更换一个圆锥螺丝，就出现转动沉滞的故障。其主要原因是圆锥螺丝装得太紧，适当调松圆锥螺丝，故障即可消失。又如帆布机缝双层缝料时运转正常，线迹长短合适。换多层帆布厚料时，缝料走得慢，线迹慢。用因果检查法，可查明压脚压力小，送布牙低，针距小所致。故应适当调整压脚压力，调高送布牙，放长针距，必要时还应换针、换线，调松缝线张力。

(4)穷举检查法

当遇到机器某一故障，运用上述 3 种方法都找不到机器的毛病所在时，可用穷举检查法检查。即把可能产生这种故障的原因或部位逐一检查，穷追到底，直到查处毛病在那里为止。例如：当遇到机器转动沉滞的故障时，如果怀疑毛病出在下轴转动机构，可把大连杆盖卸下来，使整个下轴转动机构和上轴脱开，再转动上轮，如果转动轻滑，表明毛病就在下轴转动机构上，逐个检查送布机构的各个活动环节，直到查出毛病所在位置为止。这种方法虽然比较麻烦，但对一些既无特征，又无因果关系的疑难故障来说，却是一种比较实用的方法。

上述 4 种检查方法：只有通过实践，掌握了各个零部件的内在联系，有了丰富的经验，才能灵活掌握和运用。

2. 故障的分析和排除

一些常见故障的分析和排除见表 5 至表 11。

(1)跳线

表 5　跳线的产生原因和处理方法

故障特征	产生原因	处理方法
引不上底线	(1)梭线太短； (2)梭线夹于梭门； (3)机针太高，摆梭无法勾住线环	(1)拉长梭线； (2)检查底线是否被卡住，并排除之； (3)针距连接轴紧固螺钉松动针杆上移，应下调针杆，重新对针，拧紧紧固螺钉
针杆窜动	(1)针杆孔、针杆磨损； (2)针杆连接轴螺钉松动，针杆位移	(1)调换针杆套，或选配新针杆； (2)重新对针，并拧紧紧固螺钉
过若干针跳一次线	(1)摆梭磨损，摆梭尖太钝； (2)机针太高或过低	(1)换摆梭； (2)调整针杆高度或机针高度，重新对针
连续跳线或一针也不能缝	(1)机针质量差或机针弯曲不能正常产生线环； (2)机针太高，勾不住线环，缝料、缝线、机针三者配合不当； (3)长期使用摆梭，摆床等零部件严重磨损	(1)更换合格机针或校直机针； (2)调整针杆或机针高度； (3)一般情况下可更换摆梭或梭床，必要时进行大修
缝薄不跳线，缝厚跳线	(1)压脚压力不够； (2)机针太细； (3)勾线机构等零件严重磨损	(1)调整压脚压力； (2)更换机针； (3)更换零件，进行修理
缝厚不跳线、缝薄跳线	(1)针板的容针孔磨损过大； (2)机针太粗； (3)压脚底部磨损，或压脚压力过小	(1)更换针板； (2)换细针； (3)换压脚，或调整压脚压力

(2)断线

表6 断线的产生原因和处理方法

故障特征	产生原因	处理方法
第一针断线,断线头呈切割状	(1)机针装反或机针没有装足,致使机针太低; (2)缝料偏硬,机针偏细或压脚压力过大	(1)检查机针的安装和针杆连接轴螺钉是否松动; (2)更换机针或调整压脚压力
缝线在断头两端呈卷曲状,并带有短须	(1)夹线过紧或缝线在缝纫时发生拌绕; (2)缝线被摆梭挤入梭床导向槽; (3)缝线腐脆易打结,质量差过线部位有毛刺	(1)调整夹线片压力并检查过线路排除拌绕; (2)检查摆梭的磨损情况,必要时,更换摆梭; (3)砂光过线部位,更换缝线
缝料下部积线重,无法形成针距而断线断线头如马尾状	(1)送布牙过低,缝料停止不前,积线过多而断; (2)送布与挑线步调不合被轧断; (3)压脚、机针松动,阻碍缝料运行	(1)抬高送布牙; (2)调整送布凸轮定位角度; (3)紧固压脚和机针螺钉
缝纫中突然断线,面线有曲状波动	(1)梭床位置没装好面线轧如梭床; (2)梭心套未锁紧或缝纫中突然移位; (3)摆梭质量差梭心簧过长或梭心套椭圆	(1)重新调整梭床位置; (2)重新安装梭心套; (3)换摆梭
缝纫中突然断底线	(1)梭心套不合格,内劲椭圆,致使梭心转动失灵; (2)梭心簧螺钉拧得过紧,使梭皮压力太小; (3)梭心绕线过满或过于松散杂乱; (4)底线腐脆、有结头,使底心无法通过梭心簧	(1)更换梭心套; (2)旋松梭心簧螺钉; (3)重绕梭心线; (4)更换底线

(3)断针

表7 断针的产生原因和处理方法

故障特征	产生原因	处理方法
缝厚料断针	(1)机针过细或弯曲; (2)缝料厚度不均; (3)针杆窜动过大	(1)换新粗针; (2)适当放慢缝速并用手帮组送料; (3)换新针杆或针杆套
短针距不断针,长针距断针	(1)送布牙动作滞后; (2)送布牙不合格,机针碰送布牙后端而断针	(1)应调整送布凸轮的定位; (2)适当缩短针距或换新送布牙
机针断在针板下面	(1)机针位置偏低,机针碰摆梭; (2)梭床没装好,摆梭尖碰机针; (3)摆梭托与机针端面间隙过小或过大。摆梭托碰针或失去护针作用	(1)调整针杆或机针的位置; (2)重新装摆梭; (3)调整摆梭托与机针的端面间隙
机针断在针板上面	(1)手拉缝料过猛,致使机针弯曲; (2)压脚螺钉松动,致使压脚歪斜碰机针; (3)送布凸轮位移致使缝料拉断机针; (4)缝料中有硬物使机针碰断	(1)加强操作练习; (2)调正压脚拧紧螺钉; (3)调整送布凸轮螺钉位置

(4)送料方面的故障

表8 送料方面的故障的产生原因和处理方法

故障特征	产生原因	处理方法
缝料起皱	(1)机针断针； (2)底线张力过大； (3)差动机构调整不当	(1)更换机针； (2)旋松梭心簧螺钉； (3)重新调整差动机构
缝料下面被“啃破”行车格、齿痕	(1)送布牙齿尖大锐； (2)压脚压力太大	(1)可用油石修磨齿尖； (2)旋松调压螺钉
缝料下面有线毛缝纫时有突突打断纤维的声音	机针断尖或过钝	更换机针
缝料停滞不前	(1)送布牙太低； (2)压脚压力过大	(1)抬高送布牙； (2)旋紧调压螺钉
缝料来回走	送布牙太高	调整送布牙
缝物倒退不能缝	送布凸轮移位	调整送布凸轮位置
缝料不规则地斜走	送布牙装歪或送布牙螺丝松动	校正送布牙并拧紧螺钉

(5)线迹方面的故障

表9 线迹方面的故障的产生原因和处理方法

故障特征	产生原因	处理方法
面线呈漂浮状	夹线器压力过小	旋紧夹线螺丝，增大面线压力
底线呈漂浮状	梭心簧太松	旋紧梭心簧螺丝，增大底线张力
针距时长时短	压脚压力太小	旋紧调压螺钉
缝料下面每针都有线套出现，呈毛巾线套状	送布与挑线动作不合，送布动作过快	调整送布凸轮螺钉，使送布与挑线动作一致

(6)运转故障

表10 运转故障的产生原因和处理方法

故障特征	产生原因	处理方法
机头转动沉滞	(1)加错了润滑油，特别是加注了植物油； (2)梭床内污垢太多； (3)连杆螺钉，圆锥螺丝装得过紧	(1)用煤油冲洗后，重新加注缝纫机油； (2)清洗梭床； (3)调松螺丝，保证一定的间隙
送转时，半圈沉滞，半圈清滑或每转一圈有一个沉滞点	(1)梭床内轧有线头运转时不仅半圈沉滞而且伴有剧烈的抖动和噪声； (2)送布牙位置偏高或齿缝内积聚污垢，使送布牙上升时与针板相碰； (3)断针或外界冲击使针杆弯曲	(1)清理梭床，并加注少许缝纫机油； (2)清洗或调低送布牙； (3)更换或校直针杆
机头卡住不能转	(1)送布牙位置太靠前或太靠后，碰针板； (2)针杆安装位置太高、针夹碰机壳	(1)调整送布牙的位置； (2)重新对针，调整针杆高度

(7)噪声

表 11　噪声的产生原因和处理方法

故障特征	产生原因	处理方法
1. 噪声来自针机构	(1)针杆、针杆套、小连杆等磨损松动过大； (2)小连杆螺丝针杆曲柄螺丝松动	(1)更换新件； (2)旋紧
2. 噪声来自送料机构	(1)大尖顶圆锥螺丝磨损或松动； (2)送布牙碰针板； (3)针距调节机构松动	(1)研磨或重新调整； (2)重新调整； (3)重新调整或旋紧螺丝
3. 噪声来自摆梭机构	(1)摆梭和梭床磨损致使间隙过大； (2)摆梭与摆梭托出现间隙过大,产生冲击	(1)更换新件； (2)调整或更换新件
4. 一般噪声	(1)上轴、下轴及轴套磨损,致使上、下轴产生窜动； (2)机器缺油	(1)重新换件,或调整上下轴平面间隙； (2)注意保养,按时加油

3. 缝纫机的保养

缝纫机保养得好,可使运转轻滑,减少磨损,少出故障,延长使用年限。

(1)清除污垢

往往篷布缝纫机密封程度差,使用一天,布屑、线头、灰尘等污垢,就会布满针板下面、梭床内外、针杆得周围等处,这些污垢积累多了,就会使机器运转沉滞,磨损增大。因此,每天都要用毛刷、软布将机头内污垢清除干净。

(2)加油

凡是轴和孔配合之处(包括轴位螺丝,圆锥螺丝等)以及所有活动关节,每天都要加注干净的缝纫机油。特别对于上轴、铁杆、大连杆、摆轴等关键运动部位,更应注意润滑。

4. 缝纫机使用注意事项

正确使用帆布机,不要缝过硬、过厚的缝料,更不能超速运转。听到机器声音不正常时,应立即停车检修找出原因,修好再用,不可带病运转。

(二)塑料焊枪常见故障及处理方法

1. 温度过高调不下

(1)产生原因:可控硅短路温度控制器失灵。

(2)排除方法:调换可控硅调换温度控制器。

(3)防止措施:用毕注意焊枪冷却。

2. 温度忽高忽低

(1) 产生原因:电位器损坏。

(2)排除方法:修理或调换电位器。

3. 使用中突然降温

(1)产生原因:降压电阻开路加热器电热丝断。

(2)排除方法:调换电阻,调换加热器。

4. 风泵机体啪啪作响,并伴有火花

(1)产生原因:电机碳刷用完。

(2)排除方法:调换碳刷。

(3)防止措施:半年左右拆开机壳检查碳刷。

5. 运转时转速突降

(1)产生原因:电机损坏。

(2)排除方法:修理电机。

(3)防止措施:注意焊枪防潮、防腐保管。

6. 产生异响

(1)产生原因:叶轮与他物相碰。

(2)排除故障:调正叶轮间隙。

(3)防止措施:注意焊枪轻放,谨防从高处跌落。

7. 电源不通

(1)产生原因:开关失灵。

(2) 排除方法:修理或调换开关。

三、典型案例分析

车站使用报废篷布造成货物列车脱轨的重大事故分析。

1. 事故概况

1995 年 5 月 9 日零时 29 分,1760 次货物列车行至沈阳局沈山线韩家沟至兴城站间上行线 K309+106 处,因机后 36 位($C_{62A(N)}$1790818,发站甲站,到站乙站,品名高粱)前进方向第二块篷布运行中脱落并刮在停放于上行线 K309+102 线路左侧捣固机上,将其刮入限界,导致机后 38、39、45 位车辆脱轨,40~44 位车辆颠覆,列车脱轨后走行 508 m。损坏线路 508 m,轧坏水泥轨枕 950 根,其中报废 943 根,损坏钢轨 125 m,货车中破 5 辆、小破 3 辆;中断上行线行车 12 h 11 min。构成列车脱轨重大事故。

2. 原因分析

甲站使用的“街基站自备篷布”为铁路报废篷布,违反了铁道部铁运字(85)1261 号文件关于报废货车篷布不准使用的规定和沈铁电货字(91)316 号文件有关规定及铁道部铁运字(85)5 号文件关于企业自备篷布质量必须符合铁路货车篷布质量标准的有关规定。由于篷布质量不符合规定,绳索拉力不足,造成在运行中拉断,致使篷布脱落后,刮住捣固机并侵入限界,导致列车脱轨颠覆。

3. 事故责任及处理

责任单位:××车务段。

事故处理:

(1)给予甲站当班站务员开除路籍留路察看 2 年处分;

(2)给予甲站站长撤职处分;

(3)给予××车务段段长、党委书记记过处分,给予主管副段长记大过处分。